Salzburg

Salzburg

Ein fröhlicher Reiseführer für die Freunde
einer der drei schönsten Städte der Welt,
für Festivalreisende, Mozartfans und
Kunstliebhaber.

Von Bartel F. Sinhuber
mit Zeichnungen von Dieter Zehentmayr

© Tomus Verlag, München, 1989
Alle Rechte der Verbreitung, auch durch Fernsehen, Funk, Film,
fotomechanische Wiedergabe, Bild- und Tonträger jeder Art,
sowie auszugsweiser Nachdruck vorbehalten.
Satz: Fotosatz Geiß, Puchheim
Druck: Dr. Cantz'sche Druckerei, 7302 Ostfildern 1 (Ruit)
Bindearbeiten: Sigloch Buchbinderei, Künzelsau
1   2   3   4   5   95   94   93   92   91
Auflage   Jahr
(jeweils erste und letzte Zahl maßgeblich)

ISBN 3-8231-0535-3

Alt, Salome

A

Adventsingen

Dieser alpenländische Heimatabend wurde nach dem Krieg von Tobi Reiser ins Leben gerufen, um auch in der festspielfreien Vorweihnachtszeit allen Salzburg-Touristen einen Kunstgenuß bieten zu können.

Im großen Festspielhaus und via Rundfunk und Fernsehen werden Heimatlieder, Weihnachtsbräuche und besinnliche Lokal-Poesie, etwa des Salzburger National-Dichters Karl Heinrich Waggerl, zur Salzkammergut-en Image-Werbung eingesetzt.

Aigen

In diesem Nobelvorort unterhalb des Gaisberges sind die beschauliche Ruhe und die Grundstückspreise unbezahlbar. Wegen der ländlichen Abgeschiedenheit und zahlreichen reizvollen Spazier- und Wanderwegen wurde Aigen in der guten alten Zeit von vielen Dichtern, Literaten und Musikern als Sommerfrische bevorzugt.

Alt, Salome

Sie war die Tochter eines angesehenen Salzburger Ratsherren. Ihre elf oder vielleicht auch fünfzehn unehelichen Kinder wurden von Kaiser Rudolf II. höchstselbst legitimiert und in den Reichsadelstand erhoben, indem der Kaiser ihnen vier Ahnen und ein Wappen verlieh. Obwohl nicht selbst nobiliert, nannte sie sich von da an Salome von Altenau. Der Vater der Kinder war übrigens der Erzbischof Wolf Dietrich.

Anif

Der kleine, ruhige Ort südlich von Hellbrunn mit dem neugotisch verkleideten Schloß aus dem 16. Jahrhundert wurde nach Karajans Tod zur Wallfahrtsstätte seiner Gemeinde. Als kulinarische Wallfahrtsstätte gilt dagegen der Schloßwirt von Anif.

Anschluß	Für die Salzburger war die Bundeshauptstadt Wien schon immer weit, weit entfernt, die deutsche Grenze jedoch vor der Haustür. Als man 1921 in einigen Bundesländern des zwangsweise kleingeschrumpften Österreich inoffizielle Abstimmungen über einen Anschluß an Deutschland durchführte, war es deshalb kein Wunder, daß mit 99,5 % die Salzburger am vehementesten für den (von den Siegermächten verbotenen) Anschluß stimmten. Durch die Einführung der Festspiele, die jeden Sommer Salzburg und Umgebung mit Deutschen überschwemmen, hat sich das Anschluß-Bedürfnis der Salzburger inzwischen erübrigt.
Apostelwein	So nennt man im Salzburgischen einen schlechten Wein. Die Erklärung dafür könnte die Entsprechung aus einem alten Bayerischen Wörterbuch sein, wonach „Apostelbier" ein Bier ist, „wo ihrer zwölf an einem Seidlein zu trinken haben".
Arco, Graf	Der Oberstküchenmeister des Erzbischofs Colloredo, Graf Arco, verhalf im Mai 1781 Mozart mit einem Fußtritt zu seinem Abgang von Salzburg: „Nun, das heißt auf teutsch, daß Salzburg nicht mehr für mich ist, ausgenommen mit guter Gelegenheit dem Herrn Grafen wieder ingleichen einen Tritt im Arsch zu geben, und sollte es auf öffentlicher Gasse geschehen" (Mozart am 13.6.1781 an seinen Vater).
Asch	So nannte man ein für den Salztransport gebautes Schiff. Besonders elegant und schnittig dürfte so ein Asch nicht

ausgesehen haben, denn Aschen ist auch das Dialektwort für Kübel oder Eimer.

Augustinerbräu	Art und Betrieb dieser Wallfahrtsstätte aller einheimischen und auswärtigen Gambrinusjünger in Mülln ist der deutliche Beweis, daß Salzburg dereinst von Baiern besiedelt wurde: Bierkeller und Biergarten sind in München nicht originaler anzutreffen. Einziger Unterschied: die „Brotzeit" (Brot, Wurst, Käse, Radi usw.), die man sich an kleinen Ständen holt, heißt hier „Jause". Das einst von Augustiner-Eremiten und seit dem vorigen Jahrhundert von Benediktinern gebraute Bier gab es früher auch „hochgradig" (sechzehn und achtzehn Grade).

B

Batzen	Im Gegensatz zum „Schinderling", einem nach 1450 verbreiteten geringen Pfennig, war der 1495 in Salzburg erstmals geprägte Batzen ein Dickpfennig im Wert von vier Kreuzern. Wenn also etwas „riesig" ist, findet man noch heute die Wortzusammensetzung mit Batzen (ein Batzen Geld). Als „Batznhäusl" bezeichnet man ein Gasthaus, wo man früher schon um einen Batzen sehr gut essen konnte.
Bayern	Mit ihren Nachbarn jenseits der Grenze lebten die Salzburger nicht immer im besten Einvernehmen. Im Streit um die grenznahen Salzvorkommen kam es unter Wolf Dietrich sogar zum Salzkrieg. 20 Jahre später, während des Dreißigjährigen Krieges, bringt dann jedoch der bayerische Kur-

fürst Maximilian seine Familie und die Kronjuwelen nach Salzburg in Sicherheit. Erst 1810 können die Wittelsbacher dank Napoleon Salzburg zur bayerischen Provinz erniedrigen, bis es beim Länderschacher des Wiener Kongresses 1816 endgültig zu Österreich kommt.

Besucher

Seit jeher liegen Wien und Salzburg im touristischen Wettstreit, was ihre Besucherzahlen angeht. Zwar zählt das sommerliche Wien fast dreimal soviel Übernachtungen wie die Festspielstadt, doch ist das vergleichsweise wenig, bedenkt man, daß Salzburg nicht einmal zehn Prozent der Einwohner Wiens hat. Dafür verfügt Salzburg mit der Festung und 1.328.000 Besuchern (1981) über die meistbesuchte Sehenswürdigkeit Österreichs, denn das Schloß Schönbrunn in Wien besichtigten 1981 nur 1.123.992 Besucher.

Bier

Ähnlich wie im benachbarten Bayern gibt es auch in Salzburg eine ehrwürdige Tradition des Bierbrauens und Biertrinkens. Getrunken wird das Salzburger Bier vor allem in Kellern, die im ersten Stock liegen, in „Stüberln", die Saaldimensionen aufweisen, und in Biergärten, die von vielen Tauben bevölkert und überflogen werden. Von daher stammt auch die Sitte der Salzburger Biertrinker, den Filz lieber auf statt unter das Glas zu legen.

Bindertanz

Dieser traditionelle Festtanz ist zweimal jährlich lokalhistorischer Aufputz sowohl bei der Eröffnung der Lehener Dult im Mai als auch bei der Eröffnung der Festspiele am 25. Juli auf dem Residenzplatz.

Bißgurrn

Bißgurre war ein kleiner, auch in der Salzach beheimateter Fisch. Daß man heute nach diesem harmlosen Fischlein ein

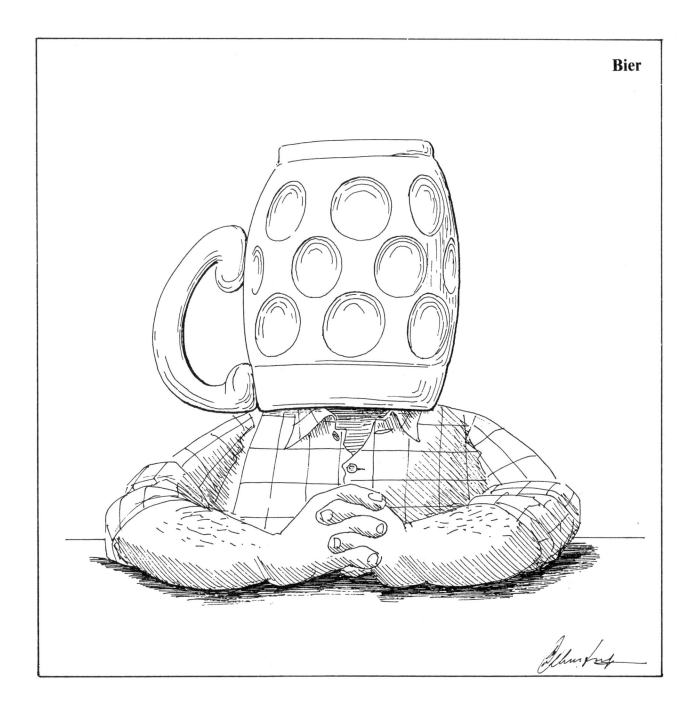

Brecht, Bertolt

zänkisches Weib eine Bißgurrn nennt, könnte daran liegen, daß diese Fischart auch unter den Namen Wetterfisch oder Steinbeißger bekannt war.

Brecht, Bertolt	Um den Festspielen nach dem Zweiten Weltkrieg wieder zu internationalem Ansehen zu verhelfen, faßte man den Plan, den aus der Emigration heimgekehrten Dramatiker Bert Brecht nach Salzburg zu holen. Brecht schrieb einen „Salzburger Totentanz" und plante für das Goethe-Jahr 1949 einen „Salzburger Faust". Da wurde bekannt, daß der staatenlose Kommunist Brecht als Gegenleistung einen österreichischen Paß erhalten hatte, und von Wien aus brach ein publizistischer Sturm der Entrüstung los. So ging der Neo-Österreicher ins ostdeutsche Exil und gründete dort sein weltberühmtes „Berliner Ensemble".

C

Cafés	Salzburg hat viele und vorzügliche Kaffeehäuser, die ältesten und berühmtesten Cafés sind das Tomaselli am Alten Markt und das Bazar am anderen Ufer der Salzach. Das Tomaselli hieß ursprünglich Staiger und zählte auch Mozart zu seinen Gästen. 1856 kaufte es der Sohn des Mailänder Tenors Guiseppe Tomaselli um 30 000 Gulden. Um die Jahrhundertwende gab es zwei Brüder Tomaselli, von denen der ältere das Tomaselli erbte und der jüngere das traditionsreiche Café Musch erwarb und in Café Bazar umtaufte. Hier trifft man die Schauspieler und Literaten, wäh-

rend im Tomaselli, dem Festspielhaus näher, die Sänger und Musiker verkehren.

Chiemseehof	Um ein besseres Auge auf das 1216 von Salzburg aus gegründete Bistum Chiemsee zu haben, mußten die Chiemseer Bischöfe in Salzburg residieren. Im Treppenhaus des Chiemseehofes steht eine Apollo-Figur des Barock-Bildhauers Balthasar Permoser. Welche Beziehung die heute hier untergebrachte Salzburger Landesregierung zum Gott der Musen und des Lichtes hat, ist nie bekannt geworden.
Christkindlmarkt	Als eine Stadt mit Tradition verfügt natürlich auch Salzburg über einen ehrwürdigen Christkindlmarkt, der alljährlich vom 1. Advent bis Weihnachten rund um den Dom herum abgehalten wird. Neben dem weitgestreuten, eher unchristlichen Angebot vom Flaschenöffner bis zu „Jagertee" und Glühwein findet man hier aber auch bodenständiges Kunsthandwerk, wie handgebastelter Christbaumschmuck, altmodische Spielsachen oder selbstgestricktes Unterzeug.
Clausrabe	Diese mit dem Ibis verwandte und im 16. Jahrhundert in Europa ausgestorbene Vogelart (auch Waldrapp genannt) brütete einst auch in den Wänden des Mönchsberges. Sie liebte steile Felswände, altes Gemäuer und nahegelegene Gewässer. Das Fleisch des keineswegs menschenscheuen Vogels galt als Delikatesse, weshalb es bis 1584 zahlreiche Verordnungen des Erzstiftes gab, „die Claußraben nit aus der wenndt oder sonst mit den Handworren zu verjagen". Aber der erzbischöflich angeordnete Naturschutz wurde nicht befolgt. Die Nachbildung eines Waldrapps findet man im „Haus der Natur".

D

Dampfschiffahrts-gesellschaft

Daß die Salzburger Dampfschiffahrtsgesellschaft weniger bekannt ist als die Donaudampfschiffahrtsgesellschaft, liegt zweifellos an der Kürze ihrer Tradition. 1891 wurde sie gegründet, um den Personenverkehr zwischen Salzburg und Hellbrunn (6 Kilometer) auf dem Wasserweg zu bewältigen. Nach einer erfolgreichen Probefahrt im Mai wurde sie am 29. Juni 1891 eröffnet. Leider lief das Eröffnungsschiff samt Statthalter und Landeshauptmann auf halber Fahrt auf eine Schotterbank auf und konnte erst Tage später wieder flott gemacht werden. Vier Wochen später wurde diese Schiffahrtslinie auf der Salzach wieder eingestellt und die Gesellschaft aufgelöst.

Denkmal

Nicht den eigenen Stadtvätern, sondern dem Schriftsetzer Julius Schilling aus Posen und dem Kapellmeister August Pott aus Oldenburg verdankt Salzburg das 1842 aufgestellte Mozart-Denkmal des Münchner Bildhauers Ludwig von Schwanthaler. Schilling regte die Errichtung 1835 mit einem Aufruf in der „Salzburger Zeitung" an, und Pott stiftete darauf den Erlös eines Konzertes in Salzburg zur Finanzierung.

Dom

„Brennet es, so lasset es brennen!" soll Erzbischof Wolf Dietrich gesagt haben, als man ihm mitteilte, der vom Heiligen Virgil erbaute Dom stünde in Flammen. Später ließ er den eigentlich nur reparaturbedürftigen Dom ganz abreißen, was den Verdacht nährte, er habe wie weiland Nero ihn selbst in Brand gesteckt. Bevor er den Dom dann größer und prächtiger als zuvor neu bauen konnte, wurde Wolf

Dietrich allerdings von seinem Vetter und Nachfolger Markus Sittikus abgesetzt.

Dom-Platz

Die ersten „Festspiele" vor dem Dom fanden im September 1628 statt und dauerten acht Tage: Erzbischof Paris Graf Lodron weihte das neuerbaute Gotteshaus. Um den Dom-Platz für sich und Max Reinhardt angemessen groß und festlich zu gestalten, war der Neubau um einige Meter kürzer als der von Virgil erbaute Dom. Unter den prominenten Festspielgästen waren zahlreiche Fürsten und Bischöfe mit Gefolge. Zum Festprogramm gehörten eine prächtige Prozession, die Uraufführung einer Messe, ein Feuerwerk, ein Schiffsturnier auf der Salzach und acht Tage Frei-Bier für die Salzburger rund um die Uhr.

Durchhäuser

Ein Durchhaus ist, wenn man auf der einen Seite reingeht und auf der anderen Seite wieder rausgehen kann, wobei manches Durchhaus aus mehreren Häusern mit dazwischenliegenden Innenhöfen besteht, die reizvolle Ein- und Aufblicke bieten. In den Durchhäusern an der Getreidegasse gibt es außerdem viele kleine Läden und Cafés.

E

ehrwürdig

Eine merkwürdige Auffassung, was in der Kunst als ehrwürdig zu gelten habe, vertrat der Dichter Karl Heinrich Waggerl: „Es mag zutreffen, daß ‚Jedermann' nicht zu den vollkommensten unter Hofmannsthals Werken zählt.

Durchhäuser

Eisriesenwelt

Aber immer ist an einer Leistung das ehrwürdig, was daran fehlt . . .“

Einbäume	Diese leichten aus einem Baum hergestellten Boote wurden früher von den Eingeborenen am Wolfgangsee verwendet. Noch bis zum Jahr 1900 fanden jährlich auf dem See Bootswettkämpfe in Einbäumen statt.
Eintrittskarten	Gemeint sind hier jene E. zu den gefragten Veranstaltungen der Festspiele. Das Geheimnis, wie man sich solche beschafft, ist nur im Ausland bekannt. Die einzigen Salzburger, die in Salzburg zu Karten kommen, sind die Hotel-Portiers, die sie dann zu horrenden Überpreisen wiederum an Ausländer verkaufen.
Eisenbahn	Am 1. August 1860 wurden die Zugverbindungen von Salzburg nach Wien und nach München eröffnet. Von nun an konnten die Salzburger in 12 1/2 (Personenzug) oder gar 8 Stunden (Schnellzug) flugs in Wien sein. Für das nähere München brauchte man dagegen nur 6 1/4 Stunden mit dem Postzug.
Eisriesenwelt	Dieses so benannte unterirdische Labyrinth bei Werfen ist die größte Eishöhle der Welt. In der 50 Kilometer langen Höhle trifft man zwar keine Riesen, dafür aber im Sommer vor Kälte schlotternde Touristen, insbesondere wenn sie die längste, fast zwölf Stunden dauernde Führung gebucht haben.
Elisabeth-Vorstadt	Nachdem Salzburg seit 1816 endgültig österreichische Provinz war, bemühte man sich, dem Kaiserhaus in Wien zu huldigen. So benannte man die Uferstraßen an der Salzach nach den Mitgliedern des Erzhauses, links die männlichen

– Franz-Josef-Kai und Rudolfs-Kai – und rechts die weiblichen – Elisabeth-Kai und Gisela-Kai. Nach der Ermordung von Kaiserin Elisabeth 1898 wurde 1901 auch ein Teil des Vorortes Froschheim in Elisabeth-Vorstadt umbenannt. Die Enthüllung eines Elisabeth-Denkmals im gleichen Jahr nahm der mit der Kaiserin-Elisabeth-Westbahn angereiste Kaiser höchstselbst vor.

Emigration

Um die Glaubenseinheit seines Landes wiederherzustellen, wies 1731/32 Erzbischof Leopold Anton Freiherr von Firmian 20.000 protestantische Untertanen aus. Die meisten von ihnen siedelten sich in Ostpreußen an, einige gingen nach Holland und nach Amerika. Für diese damals in ganz Europa einhellig kritisierte Ausweisung entschuldigte sich 235 Jahre später (1966) Firmians Nachfolger Erzbischof Andreas Rohracher.

Erzbischöfe

Ein Jahrtausend herrschten in Salzburg die Erzbischöfe als souveräne Fürsten. Ihre Prachtentfaltung machte die Stadt lange vor Max Reinhardt zur Festspielstadt. Und ihre Selbstherrlichkeit stieß bei den Bürgern nicht immer auf Verständnis. Das war schon deshalb schwierig, weil die Erzbischöfe immer von „auswärts" kamen, einzige Ausnahme war zwischen 1270 und 1284 der Salzburger Friedrich II. von Walchen. Das Jahr 1803 brachte mit der Franzosenbesetzung das Ende der regierenden Erzbischöfe.

Felsputzer

F

Felsenreitschule

Ende des 17. Jahrhunderts ließ Erzbischof Johann Ernst einen alten Steinbruch am Mönchsberg nach Plänen Fischers von Erlach in eine theatralische Reitschule verwandeln. Pate stand dabei das Felsentheater im Schloßpark Hellbrunn (siehe Steinernes Theater). Nach seinem Motto „Die ganze Stadt ist Kulisse" adaptierte Reinhardt 1926 die Felsenreitschule als Aufführungsort. Seit 1970 zerstört ein komfortables Regendach den eindrucksvollen Charakter der künstlichen Naturbühne.

Felsputzer

Diesen 320 Jahre alten Beruf gibt es wohl nur in Salzburg. Er wurde eingeführt, nachdem am 15. Juli 1669 am Mönchsberg ein Felssturz auf das Kloster der Barmherzigen Brüder und die Kirche St. Marcus niederging und nicht nur schwere Zerstörungen anrichtete, sondern auch rund 200 Tote forderte. Von da an ließ man einmal im Jahr Felsputzer an langen Seilen an der Felswand herab, um mit einem Hammer lockeres Gestein abzuklopfen. Dann hallt über Salzach und Altstadt ihr charakteristisches „Looos noooch!" (Laß nach!) und „Ziag oooh!" (Zieh hinauf!).

Festspiele

Gegründet wurden die Salzburger Festspiele noch im Ersten Weltkrieg, am 1. August 1917 – in Wien. Geplant waren Konzerte und Opernaufführungen von Mozart, jedoch begann man aus Geldmangel am 22. August 1920 mit einem Ersatzprogramm: Weil das Festspielhaus erst geplant war, inszenierte Max Reinhardt Hofmannsthals „Jedermann" (siehe dort) auf dem Domplatz. Statt Gage erhielten die Schauspieler nur Geschenke, so Werner Krauss (Tod) eine Lederhose. Obwohl die Festspiele heute eine Vielfalt an Theater, Konzert und Oper bieten und weltberühmt sind, wird das „Ersatzprogramm Jedermann" noch Jahr für Jahr wiederholt.

Festspielhäuser	Das erste Festspielhaus war von dem Architekten Hans Poelzig geplant worden. Es hatte fatale Ähnlichkeit mit dem Turm zu Babel. Wie dieser wurde es nicht nur nie fertig, sondern kam aus wirtschaftlichen Gründen über die Grundsteinlegung nicht hinaus. Dann baute man den erzbischöflichen Reitstall um: außen Barock, innen Almhütte, was zu weiteren Umbauten nötigte. 1956 bis 1960 wurde daneben das Große Festspielhaus gebaut, von bösen Zungen Haus Größenwahnfried genannt. Allerdings stimmt es nicht, daß wegen der weiten Wege auf der großen Bühne bei Opern das Orchester zusätzliche Pausen einlegen muß.
Flachgau	Diese Gegend nördlich von Salzburg ist alles andere als flach und wird deshalb oft auch als Salzburger Alpenvorland bezeichnet. In dieser von Hügeln und kleineren Seen geprägten Landschaft liegt Henndorf, das bis 1938 sich der Dichter Carl Zuckmayer als Wahlheimat erkor: „Damals glaubte ich es zu wissen − glaubte mit einer Stecknadel auf dem Globus den winzigen Punkt geographisch bestimmen zu können, der mir selbstgeschaffene, selbsterwählte Heimat war und wo ich mein irdisches Dasein auszuleben hoffte."
Florianibrunnen	Da auf dem „Alten Markt" schon längst kein Markt mehr stattfindet, wird der Platz vor allem durch den Florianibrunnen belebt. Seit mehr als 400 Jahren strömt hier Was-

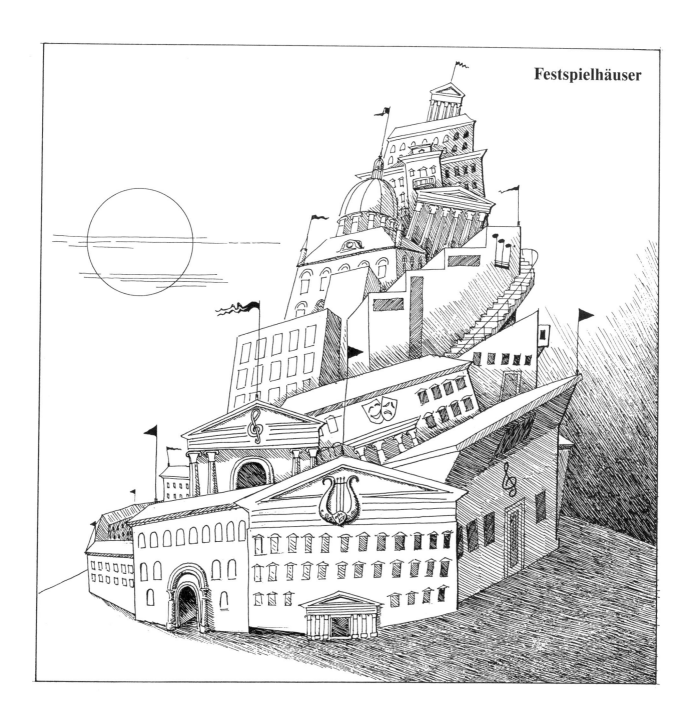

Festspielhäuser

Fux, Herbert

ser aus vier Löwenmäulern in ein achteckiges Bassin. Eine Ausnahme gab es 1699, als Kaiser Josef I. mit seiner Braut auf dem Weg nach Wien in Salzburg Station machte. Dem Hochzeiter zu Ehren floß an diesem Tag Wein statt Wasser aus den Löwenmäulern.

Fürst, Anton	Im Jahr 1890 erfand der Salzburger Zuckerbäcker Anton Fürst eine mit Pistazien-Marzipan und Nougat gefüllte Schokoladenkugel, die er eingedenk des bevorstehenden hundertsten Todestages des berühmtesten Sohnes der Stadt als Mozartkugel kreierte. Der Versuch einer Wiener Firma, sich Jahrzehnte später mit einem Mozarttaler an den Erfolg der süßen Kugel anzuhängen, blieb weit hinter den Erwartungen zurück. Seit dem Tod Herbert von Karajans ist die Mozartkugel der weltweit bekannteste Exportartikel aus der Stadt an der Salzach.
Fux, Herbert	Salzburger Idyllen-Störer vom Dienst. Nach dem Trainingslauf einer Filmkarriere als Bösewicht kratzt der Schauspieler als streitbarer Gemeinderat kräftig am potemkinschen Image der lieblichen Festspielstadt.

G

Ganghofer, Ludwig	1577 fand man im Halleiner Salzbergwerk einen eineinhalb Jahrtausende alten Bergknappen, „ein vollkommener Mann mit Fleisch, Haut und Haar so neun Spannen lang ... Er ist an Haut und Fleisch gelb wie ein geselchter Stockfisch gewesen ..." (Dückher von Haslau, 1666). Um diesen sen-

sationellen Fund schrieb der Bayer Ganghofer seinen Roman „Der Mann im Salz", verlegte jedoch aus patriotischen Gründen die Geschichte ins bayerische Reichenhall, was ihm die Halleiner bis heute nicht verziehen haben.

Gastronomie

Schon vor 200 Jahren, zur Zeit Mozarts, war der einträglichste Wirtschaftszweig in Salzburg die Gastronomie. Bei etwa 16 000 Einwohnern gab es nicht weniger als 42 Wirte, 12 Bräuhäuser, 14 Bier- und Weinschenken, 2 Stadtköche, 1 Garkoch und 3 Kaffeesieder.

Geierrestaurant

Die Bewirtung von Gästen ist im Salzburgischen so verbreitet, daß man vor einigen Jahren im Rauristal für etwa 50 eingewanderte Gänsegeier ein eigenes „Restaurant" einrichtete, weshalb die gefiederten Gäste hier ihren ständigen Aufenthalt nahmen.

Gemsen

Die Tatsache, daß mitten in einer Stadt wie Salzburg „wilde" Gemsen leben, dürfte einmalig sein. Bis 1803 war der Kapuzinerberg mit seinen urzeitlichen Steilhängen und Felswänden erzbischöfliches Jagdgebiet. Als die Stadt immer mehr um den 650 Meter hohen Berg herumwuchs, wurde die Fauna bald um Wildarten wie Fuchs, Dachs oder Marder ärmer. 1948 durchwanderte ein dreijähriger Gamsbock die kriegszerstörte Stadt und erkor den Kapuzinerberg zu seinem Revier. Vier Jahre später setzte man dort auch eine zahme Gamsgeiß aus, deren Nachkommen sich bald zu einer Gemsenkolonie auf den Felsen über der Stadt entwickelten.

Getreidegasse

Die enge Fußgängerzone ist die Hauptschlagader des Salzburger Kommerz und altstädtisch idyllisches Nadelöhr des

Geierrestaurant

Grenzverkehr

Touristenstromes. Ein Muß für jeden Salzburg-Besucher ist das mehrstöckige Mozart-Museum (siehe dort) in seinem Geburtshaus auf Nummer 9.

Glaube

Bei der ersten Jedermann-Aufführung wurde der Glaube von der Burg-Schauspielerin Hedwig Bleibtreu verkörpert. Erzbischof Ignatius Rieder war von ihrer Darstellung so beeindruckt, daß er sie anschließend zu sich bat. Als während des Gesprächs sein Sekretär eintrat, winkte er ärgerlich ab: „Ich habe keine Zeit! Sie sehen doch, der Glaube ist bei mir."

Glockenspiel

Erzbischof Graf Thun ließ 1702 die 35 Glocken aus Antwerpen kommen und in seiner Residenz installieren. Mit wechselnden Melodien erklingen sie im Sommer täglich um 7, 11 und 18 Uhr. Anschließend hört man als Kontrast-Programm von der Festung herunter herzzerreißend einen Stier brüllen. Dabei handelt es sich nicht um eine akustische Schlachthof-Übertragung, sondern um die rund 200 Pfeifen einer handbetriebenen Walzenorgel, die klangmalerisch „Salzburger Stier" genannt wird.

Grenzverkehr

Die Nachbarschaftshilfe zwischen Salzburg und Bayern löste nach dem I. Weltkrieg einen heftigen Grenzverkehr aus: Täglich strömten Tausende von Bayern zum Einkaufen an die Salzach, und als die Deutschen die Zollschranken niederließen, wenigstens noch zum Konsum des Salzburger Bieres. Doch die Krone stabilisierte sich, und die Mark begann zu stürzen. Nun verlief die Völkerwanderung in entgegengesetzter Richtung, und die Salzburger konnten die Qualität bayerischen Bieres schätzen lernen.

H

Hallein

Seinen Reichtum hat Salzburg nicht zuletzt der wenige Kilometer südlich gelegenen Kleinstadt Hallein zu verdanken. Schon in der Bronzezeit wurde hier Salz abgebaut. Auch ihr geliebtes Bier bezogen die Salzburger zuerst aus der 1486 in Hallein gegründeten ersten Hofbrauerei der Welt.

Hallfahrt

Namen wie Hallein, Hallstatt oder Halle weisen auf Salzvorkommen hin. So hießen denn auch die Salztransporte auf der Salzach Hallfahrten.

Hanswurst

Sein Erfinder war der Steirer Joseph Anton Stranitzky (1676–1726), ursprünglich „examinirter Zahn- und Mundarczt" sowie Weinhändler, später Schauspieler und Komödiendichter. Daß Stranitzkys Hanswurst in der Donaumetropole Wien und nicht an der Salzach Karriere machte, lag wohl daran, daß der Humor zu den weniger entwickelten Talenten der Salzburger zählt. Der Irrtum, das lustige Komödiantentum habe in Salzburg Tradition, entstand durch die Salzburger Bauerntracht, in welcher der historische Hanswurst auf der Bühne erschien.

Hausberge

An Bergen und Berglein vom Mönchsberg bis zum Bürglstein herrscht in Salzburg kein Mangel. Das hat den Vorteil, daß die durchziehenden Wolken an ihnen hängenbleiben können, was allein Salzburg den Original-Schnürlregen (siehe Schnürlregen) beschert. Der liebste Hausberg ist den Salzburgern aber der 1973 Meter hohe Untersberg (siehe dort und auch Wetterprognose). Auf den Untersberg führt

Henkerhäusl

eine ganzjährig betriebene Kabinenseilbahn, und hinab geht's im Winter auf einer sieben Kilometer langen lawinensicheren Abfahrt.

Haydn, Michael	Der jüngere Bruder Joseph Haydns wurde 1763 mit 26 Jahren „Hofmusicus und Concertmeister" beim Salzburger Erzbischof. Selbst ein bedeutender Komponist und Lehrer, stand er zeitlebens im Schatten des erfolgreicheren Bruders. Und just als er nach Salzburg kam, überstrahlte ihn dort der Ruhm des Wunderkindes Mozart, das er allerdings um 15 Jahre überlebte.
Hellbrunn, Schloß	1613 ließ Erzbischof Markus Sittikus dieses Lustschloß von dem Dombaumeister Santino Solari im Stil des italienischen Manierismus erbauen. Berühmter und sehenswerter als das Schloß selbst ist jedoch der Schloßpark Hellbrunn, der u. a. einen Tiergarten, das Steinerne Theater und kunstvolle Wasserspiele (siehe jeweils dort) aufzuweisen hat.
Henkerhäusl	Im Süden der Stadt, unweit der Nonntaler Kirche, steht auf einem hügeligen Feld mit diagnonalem Weg einsam ein windschiefes Häuschen. Der Überlieferung nach hauste hier einst der Henker, weshalb viele Salzburger noch heute den Weg an dem unheimlichen Haus vorbei meiden.
Hohensalzburg	Die Festung Hohensalzburg auf dem Mönchsberg ist schon deshalb ein Wahrzeichen, weil man sie von jedem Punkt der Stadt aus sieht. Sie ist mit 30 000 m^2 bebauter Fläche die größte noch vollständig erhaltene Burganlage in Mitteleuropa. Uneinnehmbar war sie unter Erzbischof Leonhard von Keutschach selbst für die eigenen Bürger. Der lebenslustige Erzbischof, im Volksmund „Bierzapfler" genannt,

gründete in Kaltenhausen eine eigene große Brauerei und trieb damit die kleinen Brauhäuser der Stadt an den Rand des Ruins und die Salzburger gegen sich auf.

Humboldt, Alexander von

Der berühmte Weltreisende war zwar kein Salzburger, sein Andenken wird jedoch in dieser Stadt besonders in Ehren gehalten. Von ihm stammt der Ausspruch, Salzburg sei eine der drei schönsten Städte der Welt. Damit man Humboldts Behauptung überprüfen kann, wurde eine der schönsten Aussichtsterrassen auf dem Mönchsberg nach ihm benannt. In der Schanzlgasse 14 erinnert eine Gedenktafel an seinen Aufenthalt in Salzburg.

Humor

Über seine Landsleute urteilte der Schriftsteller Franz Martin: „Die Salzburger sind im allgemeinen ein unplastisches Volk. Sie machen nicht sonderlich viel aus sich und sind bescheiden. Witz fehlt ihnen nicht, aber sie betreiben ihre Neckereien mehr im Kämmerlein als auf dem Markte. Deshalb finden wir in Salzburg weder absonderlich spaßige Gassen- und Plätzenamen noch originelle Hausnamen."

I

Igelbund

Weil die vom Kaiser verliehenen Freiheiten der Salzburger Bürger vom jeweiligen Erzbischof immer wieder mißachtet wurden, verfaßten diese 1403 eine Beschwerdenliste. Sie war rundum mit ihren Siegeln versehen, daß sie wie ein Igel aussah. Diese Urkunde überreichten sie jedem neuen Erzbischof, dem sie erst huldigten, wenn er ihre Beschwerden

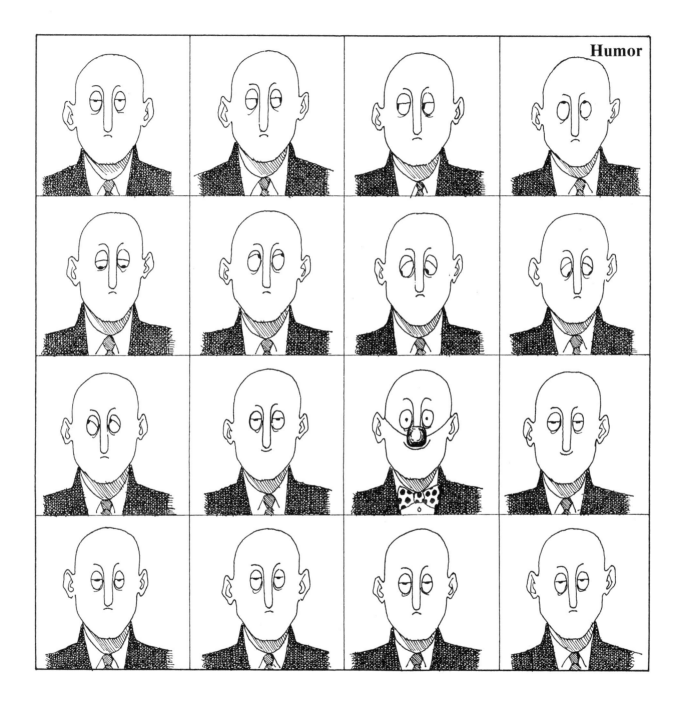

anerkannte. Das Stachelige an diesem Igelbund war allerdings, daß jeder Erzbischof ihn wohlwollend anerkannte, ohne sich nachher daran zu halten.

Ischl

Der liebliche Kurort, von Salzburg einst sehr unregelmäßig, aber direkt mit der Lokalbahn (siehe dort) zu erreichen, war die Salzburg-nahe Dependance der feinen Wiener Gesellschaft. Bad Ischl kam vor gut hundert Jahren in Mode, weil sowohl Kaiser Franz Joseph als auch der Operetten-König Franz Lehár hier alljährlich ihre Sommerfrische verbrachten.

J

Jedermann

Hugo von Hofmannsthals sprachlich etwas unzeitgemäß tümelndes „Spiel vom Sterben des reichen Mannes" auf dem Domplatz ist seit 1920 der touristische Hit der Salzburger Festspiele. Daß der „Jedermann" für diesen Aufführungsort und seinen Regisseur Max Reinhardt geschrieben wurde, ist ein Irrtum. Allerdings leitete Max Reinhardt auch die Uraufführung 1911 in Berlin – im Zirkus Schumann. Im Salzburger „Jedermann" engagiert zu sein, ist für jeden Schauspieler eine Ehre, und der Darsteller des Jedermann ist jeweils einen Sommer lang der zweitberühmteste Salzburger – nach Herbert von Karajan, dessen Geist auch nach seinem Tod noch über der Festspielstadt schwebt.

Jubiläum

Im Jahr 1956, genau zweihundert Jahre nachdem Mozart in Salzburg geboren wurde, verzeichnet die Salzburger

Chronik folgende bedeutende Ereignisse: Erste österreichische Schwimmeisterschaften im feierlich eröffneten Parcelsusbad. Erste Biennale christlicher Kunst. Eröffnung des Pädagogischen Instituts. Inbetriebnahme der Fernseh-Großsendeanlage auf dem Gaisberg. Probesprengungen für das neue Festspielhaus. Über dem Start des Österreichischen Fernsehens und der Einwanderung von 150 000 Ungarn-Flüchtlingen wird das anstehende Mozart-Jubiläum weitgehend vergessen.

K

Kaigasse

Sie ist keine Uferstraße, an der Schiffe anlegen konnten, wie der Name vermuten läßt. Wahrscheinlich aber waren hier einst jene Handwerker angesiedelt, die das Geflecht aus Weidenruten (mundartlich Ghai – daher der Name) anfertigten, mit dem die Ufer der Salzach befestigt wurden. Seit der Zeit Wolf Dietrichs wohnten hier die Angehörigen des Dompkapitels.

Kanalisation

Salzburg verfügt über das vermutlich älteste städtische Kanalsystem in Europa. Um die Altstadt zwischen Mönchsberg und Salzach mit Wasser zu versorgen, trieb man von 1137 bis 1143 einen Stollen durch den Mönchsberg, eine technische Pioniertat. Ein Teil des Kanalsystems, das die Stadt über den Almkanal und den Stollen mit Frischwasser versorgte, sammelt inzwischen die Salzburger Abwässer.

Kapuzinerberg

Er liegt dem Mönchsberg mit der Festung gegenüber. Zwischen beiden fließt die Salzach und liegt die eigentliche Alt-

Kanalisation

stadt. Seinen Namen erhielt er nach dem 1602 gegründeten Kapuzinerkloster. Erst die weiter weg gelegenen Berge haben dann wieder profanere Namen wie Heuberg oder Kühberg, Gaisberg oder Untersberg (siehe auch Gemsen).

Karajan, Herbert von	Weil Mozart heute nur noch als Komponist von Bedeutung ist, wurde der berühmteste Salzburger Musiker Herbert von Karajan. 1957 trat er die Herrschaft über die Festspiele an. Durch die große Vielfalt der Veranstaltungen gelang es aber nicht, alle künstlerischen Erfolge auf seine Person zu konzentrieren. So gründete er 1967 die Salzburger Osterfestspiele als Ein-Mann-Unternehmen. Wider Erwarten gelang es, nach seinem Tod beide Festspiele weiterhin zu veranstalten.
Kegeln	Für Aufsehen sorgte im Juli 1981 ein Kegelverein, der in Bruck bei Salzburg 110 Meter Bundesstraße in eine Kegelbahn mit Kugelrücklaufsystem umfunktionierte. Die Treffsicherheit auf dieser längsten Kegelbahn der Welt scheint sich nicht bewährt zu haben, denn nach zwei Tagen wurde die Straße wieder dem Verkehr übergeben.
Kleines Haus	Das kleinste Haus von Salzburg hat nur eine Tür, ein Fenster und ein winziges schräges Stück Dach. Zu finden ist es am oberen Ende (Richtung Café Tomaselli) des Alten Marktes.
Kleßheim, Schloß	Fischer von Erlach baute zwischen 1700 und 1732 dieses elegante Lustschloß der Erzbischöfe. Einst ruhig und abgelegen, dient es heute – direkt an der Autobahn – vorzugsweise als Kulisse für Modeschauen und Filmaufnahmen.

Kletzenbrot

Dieses Brotgebäck aus Teig, getrockneten Früchten, Nüssen und Gewürzen ist zur Adventszeit im ganzen Alpenland beliebt. In Salzburg nennt man es auch Zelten (siehe Lebzelten). Früher schenkten es die jungen Mädchen dem Burschen ihrer Wahl. Da es in Salzburg fast keine boshaften Mädchen gibt, kam es nur selten vor, daß in den Zelten eine Stricknadel eingebacken war.

Knie-Abi-Hose

So werden die zünftigen, oft aus Leder gefertigten Beinkleider genannt, die im Biedermeier allgemein üblich, heute nur noch in einschlägigen Trachtengeschäften als Kniebundhosen zu bekommen sind.

Knödel

Nach neueren Forschungen sind die Knödel ein Kind der altrömischen Küche (lateinisch: nodulus). Die Vielfalt alpenländischer Knödel ist gewaltig; da gibt es die Germ-, Zwetschgen- oder Marillenknödel, die Grieß- oder die Topfenknödel sowie die Speck-, Kraut-, Schinken- oder Leberknödel. Die feinste und seltsamerweise ebenfalls unter den Begriff Knödel fallende Art sind jedoch die Salzburger Nockerln (siehe dort).

Konditoreien

Salzburgs beste und berühmteste Konditoreien liegen nicht in der Stadt selbst. Man findet sie etwas abgelegen in Mondsee (das „Frauenschuh") und Bad Ischl (der „Zauner"). Vom Zauner, der seine Prominenz von den Ischler Krapferln, den Zaunerkipferln und dem Zaunerstollen herleitet, behaupten versierte Kenner der Zuckerbäckerbranche, er läge in der Mitte Europas: Denn Österreich ist das Zentrum Mitteleuropas, dessen Mittelpunkt das Salzkammergut ist, dessen Herz in Bad Ischl schlägt. Und hier eröffnete vor

Knödel

Krankl, Hans

mit Autogramm

eineinhalb Jahrhunderten der Wiener Zuckerbäcker Johann Zauner seine Café-Konditorei.

Krankl, Hans	Seine erfolgreichste Fußball-Show zog der Wiener „Bomber der Nation" in Salzburg ab. Beim WM-Qualifikationsspiel am 30. April 1977 in Salzburg knallte Krankl der gegnerischen Mannschaft aus Malta sechsmal den Ball ins Tor.
Krautsölln	In diesen etwa drei Meter tiefen mit Lärchenholz ausgekleideten Gruben wurden früher heiß eingeweichte Krautköpfe das Jahr über eingelegt. Die vereinfachte heute übliche Methode erfolgt meist in Fässern. So ein eingelegtes Grubenkraut ist inzwischen eine eher seltene Delikatesse, die man außer im Salzburgischen auch noch in der Steiermark antreffen kann.
Kunst-Museum	Trotz Kokoschka und seiner für die Salzburger Sommerakademie (siehe dort) kreierten „Schule des Sehens" rangiert im Salzburger Bewußtsein die Kunst immer weit hinter der Musik. Das soll sich durch eine Zweigstelle des New Yorker Guggenheim-Museums grundlegend ändern. Weil es in Salzburg aber an Platz mangelt, soll für das Museum der Mönchsberg ausgehöhlt werden, wofür der Wiener Architekt Hans Hollein ein aufsehenerregendes Modell entworfen hat. Gesucht werden nur noch die 600 Millionen Schilling für das geplante „Berg-Werk".

L

Landesanzug

Die Tracht der Salzburger ist weder das Steirerg'wand noch die Tirolerjoppe, sondern der mit grünen Revers abgesetzte graue Landesanzug. Den Begriff prägte der legendäre Landeshauptmann Franz Rehrl, Erbauer der Großglockner-Hochalpenstraße, der die Salzburger dadurch ermunterte, die neuen Festspiele trotz der wirtschaftlichen Depression in den dreißiger Jahren auch ohne Frack und Smoking zu besuchen. Allerdings ist das weibliche Gegenstück dazu, die traditionelle Bürgertracht, ein Prachtkleid aus kostbarem Woll- und Seidenbrokat.

Lebzelten

So werden die einheimischen Honiglebkuchen genannt, aber zugleich auch deren Hersteller aus der Bäckerzunft. Wegen ihrer erstaunlichen Haltbarkeit werden die Lebzelten von den Touristen gern als Mitbringsel und Andenken gekauft, weshalb die Salzburger die ursprünglich auf Weihnachten beschränkte Lebzelten-Saison auf das ganze Jahr ausdehnten.

Lebzeltenhacken

Die Lebzelten (siehe dort) aus dem salzburgischen Pongau müssen von besonders harter oder zäher Beschaffenheit sein. Dort gibt es ein Wettspiel, bei dem die Lebkuchen mit einer bestimmten Zahl Axthiebe durchgehackt werden müssen. Wem es zuerst gelingt, erhält den Lebzelten, den der Verlierer dann bezahlen muß.

Leopoldskron

Das prächtige, an einem Weiher gelegene Rokoko-Schloß Leopoldskron ließ 1735 Erzbischof Firmian bauen, damit 200 Jahre später Max Reinhardt, der Gründer der Festspiele,

Lokalbahn

hier seine berühmten Feste feiern konnte. Daß Regisseure heutzutage so nobel wohnen, verwunderte den Theaterkritiker Hans Sassmann, und er fragte Egon Fridell: „Was sagst du zu Reinhardt, lebt in einem Schloß mit zwei Dutzend Schwänen?" Fridell winkte ab: „Ich kannte Reinhardt schon, da wohnte er noch in Untermiete – mit höchstens zwei oder drei Schwänen!"

Loden

Dieses feuchte fransige Wollzeug wurde schon im Mittelalter erzeugt. Für die Herstellung der gerade in Salzburg so verbreiteten Tracht (siehe dort) ist es unentbehrlich. Im Althochdeutschen kennt man „lodo", im Mittelhochdeutschen „lode" und im Altnordischen „lodi", und die ihnen gemeinsame germanische Wortwurzel bedeutet „etwas schlapp Herabhängendes".

Lokalbahn

Die Salzkammergutlokalbahn gab es von 1890 bis zum 30. September 1957. Sie verband Salzburg mit den Seen des Salzkammergutes und der kaiserlichen Sommerresidenz Bad Ischl. Die ganzen 67 Jahre hatte sie auf ihrer Berg- und Tal-Route mit allerlei Unbill zu kämpfen: mit Wind und Wetter, mit Steigungen und Wassermangel und mit verirrten Kühen auf den Gleisen, die im Fahrplan selbstverständlich unberücksichtigt blieben. Als einmal ein preußischer Tourist vom Salzburger Bahnhofsvorstand unbedingt eine genaue Ankunftszeit erfahren wollte, erhielt er schließlich die beruhigende Antwort: „Am Freitag kommt sie gern!"

M

Makart, Hans

Während man aller Welt mit Erfolg vor Augen führen konnte, daß Mozart ein Salzburger war, auch wenn er in Wien starb, mißlang die Heimholung eines anderen großen Sohnes der Stadt, des Malers Hans Makart. Allerdings war sein Begräbnis in Wien weit prächtiger als das Mozarts. Weil es bis heute keine eigene Gedenkstätte für den „Wiener" Historienmaler gibt, nannte man den Platz vor Mozarts Wohnhaus Makart-Platz.

Markt

Der tägliche „Grünmarkt" wird nicht auf dem mit „Alter Markt" benannten Platz, sondern auf dem Universitätsplatz abgehalten. Wie der Name sagt, werden hier hauptsächlich Gemüse, Obst und Kräuter angeboten, nur am Samstag gibt es auch Fleisch-, Eier- und Käsestände. Diese findet man andererseits aber auch jeden Donnerstag auf dem Schrannenmarkt beim Mirabellplatz, der in der Vielfalt des Angebots urtümlicher und südländischer wirkt.

Markus Sittikus

Zu jenen Erzbischöfen, die Salzburg nachhaltig veränderten, gehört Graf Markus Sittikus von Hohenems (1574–1619), ein ebenso strenger Katholik wie prunkliebender Herrscher. Für die Gläubigen erbaute er den Salzburger Dom, für sich selbst das Lustschloß Hellbrunn mit hinterhältigen Wasserspielen (siehe dort) und privatem Tiergarten.

Marionettentheater

Diese künstlichste aller Theaterkünste pflegt das 1913 von Anton Aicher gegründete Salzburger Marionettentheater in einem ganz besonderen Maße: Hier werden Opern, allen

Marionettentheater

Mönchsberglift

voran die von Mozart, mit einer Perfektion einstudiert, die das Unternehmen zum künstlerisch anspruchsvollsten der Welt gemacht haben.

Mayr, Richard	Er stammte aus Henndorf im Flachgau (siehe dort), wo sein Bruder Carl, ein bekannter Wirt, Maler, Trachtenzeichner (Henndorfer Dirndl) und Freund Carl Zuckmayers, lebte. Richard Mayr, Bassist an der Wiener Hof-, bzw. Staatsoper, war ein Original und ohne Zweifel der berühmteste Ochs von Lerchenau in Richard Strauss' „Rosenkavalier", den er in Salzburg zu seiner Glanzrolle machte. Mayr starb 1935 mit nur 58 Jahren in Wien.
Mirabell, Schloß	1606 ließ Erzbischof Wolf Dietrich die Anlage als Schloß Altenau für die Mutter seiner zahlreichen Kinder Salome Alt (siehe dort) erbauen. Vielleicht weil das Schloß seine Entstehung dieser außerehelichen Verbindung verdankt, hat man heute darin das Salzburger Standesamt untergebracht.
Moissi, Alexander	Der erste Salzburger Jedermann (1920) war 1898 als Achtzehnjähriger von Triest nach Wien gekommen, um Sänger zu werden. Zwar wurde er bald von Josef Kainz für das Theater entdeckt und später von Reinhardt als Schauspieler gefördert, doch bis zu seinem Tode 1935 galt er als „Sänger" unter den berühmten Schauspielern seiner Zeit.
Mönchsberglift	Kaum war 1888 das erste Elektrizitätswerk in Salzburg errichtet, wurden auch die innerstädtischen Touristenziele elektrisch erschlossen: Seit 1890 gibt es von der Gstättengasse 13 einen Lift auf den Mönchsberg, der jedoch unter chronischer Überlastung leidet. Zwei Jahre später wurde

die Drahtseilbahn auf die Festung hinauf gebaut. Wegen der Ausblicke auf die Stadt ist jedoch auch ein Anstieg zu Fuß lohnenswert.

Mönch von Salzburg　　Den glanzvollen Hofstaat des Erzbischofs Pilgrim II. von Puchheim (1365–1396) bildeten Geistliche, Weltmänner, Dichter, Musiker und sogar Hofdamen. Auch der namentlich nicht bekannte Mönch von Salzburg, einer der letzten Minnesänger, gehörte nach eigener Aussage zur „Schar des Hofgesindes Salzburg". Ebenso unbekannt ist der Name der „Hofjungfrau", die der Mönch mit seinen Liebesliedern besang.

Mozart　　Der berühmteste Sohn der Stadt kam hier am 27. Januar 1756 zur Welt und wurde auf den Namen Johannes Chrysostomus Wolfgangus Theophilus getauft. Mit vier Jahren begann das Wunderkind zu komponieren. 1780 überwarf er sich mit dem Salzburger Erzbischof und übersiedelte anschließend nach Wien. Dort schrieb er alle seine großen Opern und starb am 5. Dezember 1791. Abzüglich seiner zahlreichen Reisen verbrachte er etwa 4300 Tage (fast 12 Jahre) seines Lebens in Wien und 5900 Tage (gut 16 Jahre) in Salzburg. Berücksichtigt man die frühe Kindheit nicht, hat er in beiden Städten etwa gleich lange komponiert. Durch besseres Marketing gelang es Salzburg, sich gegen das „musikalische" Wien als *die* Mozart-Stadt weltweit zu profilieren.

Mozarteum　　Die Idee zur Gründung einer nach Mozart benannten Musikschule kam von seiner Witwe Constanze, die sich dazu auch den Posten des ersten Direktors für den jüngsten Sohn

Mozart

DAS WUNDERKIND

Mozartkugel

Franz Xaver Wolfgang erhoffte. Die Salzburger Stadtväter fanden das Ansinnen anfangs „sonderbar", aber 1841, zum 50. Todestag Mozarts, gingen mit der Gründung des Mozarteums beide Wünsche in Erfüllung. Wenige Monate später starb Constanze 80jährig in Salzburg.

Mozartkugel	Diese gesetzlich geschützte süße Spezialität wurde von dem Salzburger Zuckerbäcker Anton Fürst (siehe dort) erfunden.
Mozart-Museum	Den Fußtritt, mit dem der Oberstküchenmeister Graf Arco (siehe dort) Mozart einst aus Salzburg beförderte, haben sich die Salzburger so zu Herzen genommen, daß das Andenken an den größten Sohn der Stadt heute lebendiger ist denn je – bis hin zu den Schaufensterdekorationen der Innenstadt-Boutiquen. Museal konserviert ist dieses Andenken zu betrachten in Mozarts Wohnhaus am Makart-Platz und vor allem in seinem Geburtshaus in der Getreidegasse (siehe dort).

N

Neutor	Weder neu noch ein Tor, handelt es sich hier um einen 123 Meter langen Felsentunnel unter dem Mönchsberg, der bereits 1767 vollendet wurde. Für Fußgänger bietet diese Verbindung zwischen Stadtkern und den westlichen Vororten mehrere Gänge mit Beleuchtung und dezenter Hintergrundmusik.

Nockerln, Salzburger

Die sogenannte Salzburger Küche entbehrt weitgehend jeder Eigentümlichkeit, indem sie sich an Wienerisches, Bayerisches oder Tirolerisches anlehnt. Ihren Anspruch auf Eigenständigkeit kann sie einzig und allein durch die Hervorbringung einer beeindruckenden Schaumgeburt belegen, den Salzburger Nockerln. Man beachte den Plural, denn wie die heilige Dreifaltigkeit treten sie in der Bischofsstadt Salzburg immer zu dritt auf. Die riesigen, stets von der Gefahr des Zusammenfallens bedrohten Nockerln aus Eischaum und Zucker sind als Dessert fast immer eine das übliche Fassungsvermögen übersteigende Herausforderung.

O

Oberndorf

In der Pfarrkirche dieses kleinen Ortes nördlich von Salzburg erklang am 25.12.1816 erstmals das berühmteste Weihnachtslied der Welt: „Stille Nacht, Heilige Nacht . . .". Komponist war der Organist Franz Xaver Gruber, Textdichter der Hilfsgeistliche Josef Mohr. Da die Orgel kaputt war, sangen Gruber und Mohr das Lied nur von Gitarre und Chor begleitet. Durch Vermittlung eines Tiroler Orgelbauers nahm einige Jahre später eine Zillertaler Stubenmusi das Lied ins Programm und machte es schließlich bekannt. Lange hielt man es für ein Werk von Michael Haydn (siehe dort). Erst 1854 eruierte die Berliner Hofkapelle den tatsächlichen Komponisten.

Oper	Konkurrenzlos im deutschen Sprachraum ist die Salzburger Operntradition. Bereits 1617 wurde im Steinernen Theater (siehe dort) von Hellbrunn als erste Aufführung „die künstliche Aktion von der heiligen jungfräulichen Christi Blutzeugin St. Christina" gezeigt. Über den Erfolg berichtet die Chronik, daß die „Zuehörer neben der Verwunderung einen herrlichen Lust empfangen haben".
Operette	Als 1938 Ralf Benatzky, der Komponist der erfolgreichen Operette „Im weißen Rößl", ins Exil gehen mußte, schrieb sein arischer Kollege Fred Raymond flugs die Nachfolge-Operette „Saison in Salzburg", Silvester 1938 in Kiel uraufgeführt. Nach zahllosen in Wien angesiedelten Singspielen war dies die erste Salzburg-Operette.

P

Pansymphonikon	„Dieses Instrument, in Gestalt eines Klaviers, hat 36 Register und ahmt die Philharmonika, das Klavier, die Violine, das Cello, die Klarinette, die Oboe, das Horn, das Fagott, die Flöte und das Pikkolo . . . nach" (Ignaz Franz Castelli). Erfunden und konstruiert wurde es von dem Salzburger Franziskaner-Pater Peter Singer. Ein ähnlich polyphones, aber komplizierteres Instrument hatte eine Generation zuvor Johann Nepomuk Mälzl in Wien gebaut, das Panharmonikum, für das Beethoven die Ouvertüre „Auf Wellingtons Sieg" komponierte. Das Pansymphonikon kann man heute im Peter-Singer-Museum im Franziskaner-Kloster bewundern.

Paracelsus	Der Schweizer Arzt und Naturforscher Theophrastus Bombastus von Hohenheim erkor 1526 Salzburg zu seiner Wahlheimat, um ein Jahr später in die Emigration zu fliehen. 1540 kehrte er zurück und starb hier im folgenden Jahr. Die von ihm propagierte Naturmedizin und biologische Ernährungsweise beginnt sich heute langsam und allmählich durchzusetzen.
Pertl, Wolfgang Nikolaus	Er war erzbischöflich salzburgischer Pflegskommissär in St. Gilgen am Wolfgangsee und der Großvater Wolfgang Amadeus Mozarts. Diese, wenn auch einzige Beziehung Mozarts zu dem kleinen Badeort würdigte die Gemeinde durch die Aufstellung eines Mozartbrunnens im Ortskern.
Petersfriedhof	Der Friedhof neben der romanischen Basilika St. Peter von 1130 ist die eindrucksvollste und älteste Grabanlage der Stadt. Zu seinen berühmten Gräbern zählen auch die von Michael Haydn und Mozarts Schwester. Zu den Katakomben des Friedhofes muß man in diesem Fall hinaufsteigen, denn sie sind in den Abhang des Mönchsbergs gegraben und dienten einst als Mönchszellen. So beginnt denn auch Georg Trakls Gedicht über den im Zentrum der Stadt gelegenen Petersfriedhof: „Ringsum ist Felseneinsamkeit . . .“
Peterskeller	Älter als alle Bierkeller der Bierstadt Salzburg ist der bekannte Weinkeller des Stifts St. Peter, als solcher bereits im Jahre 803 erstmals erwähnt. Die eigenen Weine, die hier ausgeschenkt werden, sind allerdings keine einheimischen. Sie stammen aus Weingärten in Niederösterreich (Wachau) oder Wien, die seit vielen hundert Jahren dem Stift St. Peter gehören.

Primas Germaniae

Pferdeschwemmen

Diese ehemaligen Betriebsstätten aus autoloser Vorzeit belegen, wie die übrige barocke Architektur, den Hang zu fürstlicher Prachtentfaltung. Die Hofstallschwemme von 1695 befindet sich am Siegmundplatz, eine zweite – 1732 angelegt – am Kapitelplatz. Eine Art Wander-Schwemme ist der zur Zeit im Mirabellgarten aufgestellte Pegasusbrunnen von 1660. Als Pferdeschwemme nie genutzt, diente er im Laufe der Jahrhunderte verschiedenen Salzburger Plätzen als Dekoration. Im Mirabellgarten findet er endlich eine praktische Verwendung – durch die Beherbergung von Enten und müden Touristenfüßen.

Primas Germaniae

Den Anspruch, daß der Salzburger Erzbischof der erste unter den deutschen Bischöfen sei, erhob erstmals Guidobald Graf von Thun 1663 auf dem Reichstag zu Regensburg. Diese moralische Führerrolle, auch wenn sie sich auf keine päpstliche Bulle oder Urkunde stützt, wurde seitdem eine Art Gewohnheitsrecht der Salzburger Erzbischöfe. Aber nicht immer teilen alle Bischofskollegen die Salzburger Moral, nach der neuerdings der demokratische Freiheitsdrang bedenklich, das Beten des Rosenkranzes wirkungsvoller als Friedensdemonstrationen und Aids eine Strafe Gottes sein sollen.

Q

Quadflieg, Will	Bei den Festspielen war der beliebte deutsche Schauspieler der „Jedermann" der fünfziger Jahre. Sein Salzburg-Debüt gab Quadflieg 1949 als „Clavigo". Wegen der strengen alliierten Einreisebestimmungen besorgte ihm der Regisseur Ernst Lothar ein Drei-Tage-Permit für Salzburg. Acht Wochen später reise er mit einem anderen Drei-Tage-Permit wieder aus. Die beiden Sondergenehmigungen waren auf einen dringend benötigten „Elektroingenieur Quadflieg" ausgestellt.
Querulant	Zwischen Salzburgern und Wienern gibt es einen bedeutsamen Wesensunterschied: Ein Wiener liebt seine Stadt und findet darum ständig etwas daran auszusetzen. Der Salzburger liebt seine Stadt ebenso, darum findet er auch nichts daran auszusetzen. Aufsehen erregte unlängst ein Salzburger im Stieglkeller, der heftig über die Stadt im allgemeinen und im besonderen in seinen Bierkrug grollte. „Was schimpfst denn alleweil über Salzburg?" wurde er gefragt. „Was soll i net schimpfen? Schimpft ja sonst keiner über Salzburg!"

R

Reinhardt, Max	Über den Gründer der Salzburger Festspiele schrieb Robert Neumann („Deutschland deine Österreicher"): „. . . hätte er rassisch-religiös nur die leiseste Eignung gehabt, so wäre er

Reinhardt, Max

heute schon ein katholischer Heiliger. Er war das theatralische Bindeglied zwischen Berlin und Wien, mit Salzburg als Mittelpunkt."

Rübler

So wurde im Volksmund Erzbischof Leonhard von Keutschach (1495 bis 1619) genannt. Der Name bezog sich nicht auf das rüpelhafte Benehmen des erzbischöflichen Rauhbeins, sondern auf die Rübe in seinem Wappen. Der Legende nach soll ihm eine solche einst sein Onkel, erzürnt über die liederliche Lebensweise des Neffen, an den Kopf geworfen haben. Deshalb nannte man auch die von ihm geprägten Münzen „Rübentaler".

Rupert

Der fränkische Heilige aus Worms wurde der erste Salzburger. 696 gründete er auf den Trümmern der Römerstadt Juvavum das Benediktiner-Kloster St. Peter und errichtete einen Bischofssitz. Offenbar ein Vorkämpfer der Gleichberechtigung, baute er für seine Nichte Ehrentrudis auch ein Frauenkloster auf dem Nonnberg. Die dankbaren Salzburger machten den heiligen Rupert zu ihrem Stadtpatron.

S

Salzach

Alpenflüsse, die aus mehreren Quellen, Bächen oder Rinnsalen gespeist werden, erhalten meistens den Namen Ache. Um die vielen Achen noch unterscheiden zu können, stellt man ihnen den Namen des Tales, Landstriches oder eines Ortes voran. Nur die Salzach dürfte ihren Namen davon herleiten, daß das auf den Salzachschiffen transportierte Salz dem Fluß erst zu seiner Bedeutung verhalf.

Salzburg I.	Eigentlich gibt es zwei Salzburg, denn Salzburg ist die Hauptstadt des gleichnamigen Bundeslandes, allerdings nicht mit diesem identisch wie im Falle der Stadt und des Bundeslandes Wien. Auch im entfernten Ausland ist der Name Salzburg etwa so bekannt wie Mozartkugel, Wiener Walzer oder Karajan. Weniger informiert zeigen sich Ausländer über seine geographische Lage, wie die Salzburger immer wieder erbittert feststellen müssen. Selbst einige Norddeutsche halten Salzburg für eine idyllische Stadt in Bayern, und in England und Amerika kursiert das hartnäckige Gerücht, Salzburg liege in Tirol.
Salzburg II.	Die Stadt Salzburg besteht aus 79 Brunnen, 36 Kirchen, fünf Klöstern, einem Hecken-, einem Stein-, einem Felsen- und einem Marionetten-Theater, zwei Pferdeschwemmen, einer Felsenreitschule, einem Dom, zahlreichen Lust- und Wasserschlössern und 140 000 Einheimischen, die sich unauffällig unter die Touristen mischen.
Salzburger Kindl	Anders als das „Münchner Kindl" hat das „Salzburger Kindl" nichts mit dem – hier ja ebenso beliebten – Bier zu tun. Die etwa handgroße geschnitzte Elfenbeinfigur eines Christuskindes in kostbarem Gewand wird in der Loretokirche (Paris-Lodron-Straße) aufbewahrt.
Salzkammergut	Diese berühmte Seen- und Berglandschaft liegt in Oberösterreich und erstreckt sich zu kleineren Teilen in die Bundesländer Salzburg und Steiermark. Deshalb heißt das Salzkammergut nicht so nach der Stadt Salzburg und diese

Salzburg I.
Salzburg II.

Schifferstechen

nicht nach der Landschaft, sondern beide verdanken ihren Namen den Salzvorkommen, dem „weißen Gold".

Schifferstechen

Hier zeigen die ehemaligen Flößer von Laufen und Oberndorf, wie man die einstmals rabiaten Umgangsformen von Konkurrenzneid als ritterliches Turnier in „altes Brauchtum" verwandeln kann. Auf diesem Teil der Salzach versuchen im Sommer die in den Landesfarben weiß und rot „gerüsteten" Ritter sich gegenseitig mit langen Lanzen von den Booten zu „stechen".

Schiller, Friedrich

Das erste Schiller-Denkmal in Österreich wurde 1867 in Salzburg enthüllt. Heute steht es im Furtwänglerpark. Wie populär der Weimarer Dichter hier war, bewies schon damals die Abwandlung eines Schiller-Zitats über einer schmalen Kellerstiege im Müllner Augustinerbräu:
„Wer wagt es, Rittersmann oder Knapp,
zu tauchen in diesen Schlund?
Mut! Bier ist drunt, echt und gesund."

Schlittenfahrt

Den rabiaten und selbstherrlichen Erzbischof Leonhard von Keutschach kümmerte das verbriefte Recht des Rats der Stadt, sich ihren Bürgermeister selbst zu wählen, wenig. Als die Ratsherren im Januar 1511 einen ihm nicht genehmen Bürgermeister wählten, fuhr er mit ihnen – im wörtlichen Sinn – Schlitten. Erst lud er die Herren zur Tafel, dann aber ließ er sie fesseln und bei bitterer Kälte im offenen Schlitten nach Radstadt fahren und einsperren, bis sie auf Recht und Bürgermeister verzichteten und ihm auch noch „etlich tausend Gülden" Spesen für die Schlittenfahrt zahlten.

Schnürlregen	In Salzburg regnet es zwar dauernd, aber nicht andauernd, was sich erfreulich auf den Umsatz der Gastronomie auswirkt. Experten haben errechnet, daß auf Salzburg zwar nicht mehr Regen fällt als anderswo, dafür aber öfter.
Sebastiansfriedhof	Bedeutender und älter als die Kirche St. Sebastian ist der angeschlossene Friedhof, der 1600 von Erzbischof Wolf Dietrich angelegt wurde. Bei dieser Gelegenheit ließ sich der Erzbischof – noch zu Lebzeiten – ein prächtiges Mausoleum errichten. Auch Paracelsus (siehe dort) wurde hier am Seiteneingang der Kirche beigesetzt. Zu den weiteren prominenten Gräbern auf dem Sebastiansfriedhof gehören die von Mozarts Vater Leopold und seiner Frau Constanze (Nissen). Zum Kummer der Salzburger starb Mozart in Wien, wo seine Gebeine auf dem St. Marxer Friedhof verlorengegangen sind.
Seekrankheit	Um in Salzburg seekrank zu werden, braucht man kein Boot zu besteigen. Dafür genügt die langsame Überquerung des Makartstegs über die Salzach. Wird diese Fußgängerbrücke von mehreren Personen gleichzeitig begangen, so verursacht ihr sanftes Schwanken vor allem auf der Brückenmitte ein unangenehmes Gefühl in der Magengegend.
Sommerakademie	Jeden Sommer arbeiten auf der Festung Hohensalzburg, dem „schönsten Atelier der Welt", rund 500 Maler, Graphiker, Bildhauer und Architekten aus allen Erdteilen unter der Anleitung prominenter Lehrer. Wenn am Ende des Sommers die Touristen keine Musik mehr hören und kein Theater mehr sehen wollen, können sie die Festung erklimmen, um aus der Abschluß-Ausstellung der Sommerakade-

Schnürlregen

Stierwascher

mie noch einen kontrapunktischen Kunsteindruck mit nach Hause zu nehmen.

Steinernes Theater	Zu den barocken Attraktionen, mit denen Erzbischof Markus Sittikus den Schloßpark von Hellbrunn ausstatten ließ, gehört als ältestes Naturtheater eine Felsenbühne mit Spitzen, Kletterwegen, Höhlen und Durchschlüpfen. Es entstand durch künstliche Erweiterung einer bereits vorhandenen Felsaushöhlung, bietet mehreren hundert Zuschauern Platz und verfügt über eine hervorragende Akustik.
Stierwascher	Als die Salzburger während der Bauernkriege wieder einmal auf ihrer Festung belagert wurden, in der Hoffnung, sie auszuhungern, griffen sie zu einer List. Ehe sie ihren letzten Stier schlachteten, trieben sie ihn weithin sichtbar immer wieder über die Mauerkrone. Jedesmal wurde er dabei in einer anderen Farbe angestrichen und natürlich die alte abgewaschen. Die vermeintlich große Rinderherde bewog schließlich die Belagerer zum Abzug.

T

Theaterskandal	In der weltoffenen Festspielstadt sind Theaterskandale nicht eben häufig. Zu einem Skandal wäre es beinahe vor der ersten Aufführung des „Jedermann" 1920 gekommen. Gewisse Kreise wollten verhindern, daß das von einem Juden (Max Reinhardt) inszenierte Spektakel ausgerechnet vor dem Dom stattfindet. Doch Erzbischof Rieder erklärte: „Ein guter Jude ist mir lieber als ein schlechter Christ!"

1972 kam es zum Skandal, als die Behörden kurz vor Vorstellungsbeginn die Wiederholung von Bernhards „Der Intrigant und der Wahnsinnige" verboten. Regisseur Claus Peymann bestand darauf, am Schluß die ganze Beleuchtung inklusive Notlichter zwei Minuten lang abzuschalten.

Tiergarten Der reizvoll angelegte zoologische Garten im Park von Hellbrunn ist so klein, wie das Spendenbuch für die Besucher groß ist. Dieses mißt 2,80 Meter in der Höhe und ist aufgeschlagen 4,20 Meter breit. Das von dem Buchbinder Wilhelm Meisner 1977 gefertigte Konvolut wiegt die Kleinigkeit von 1,2 Tonnen.

Tomaselli Dieses nach dem Mailänder Tenor Guiseppe Tomaselli benannte Kaffeehaus ist das älteste und berühmteste der Stadt (siehe Cafés).

Tracht Sie wird unterteilt in zwei Arten, in die echte (siehe Landesanzug) und die Nobel-Tracht. Letztere ist eine ebenso phantasiereiche wie kostbar-teure Abart der echten und wird heute vorzugsweise von Ausländern – zum Beispiel Japanern – während der Festspiele getragen.

Trakl, Georg Der 1887 in Salzburg geborene Trakl war neben Walther von der Vogelweide und Rilke der wohl bedeutendste Lyriker Österreichs. Die unverwechselbare Bildhaftigkeit seiner Sprache verdankte er Salzburg, die tragische Melancholie seiner Themen dem sich anbahnenden Untergang der österreichischen Monarchie. 1914 als Sanitätsleutnant in Krakau eingesetzt, machte er seinem Leben mit einer Überdosis Kokain ein Ende.

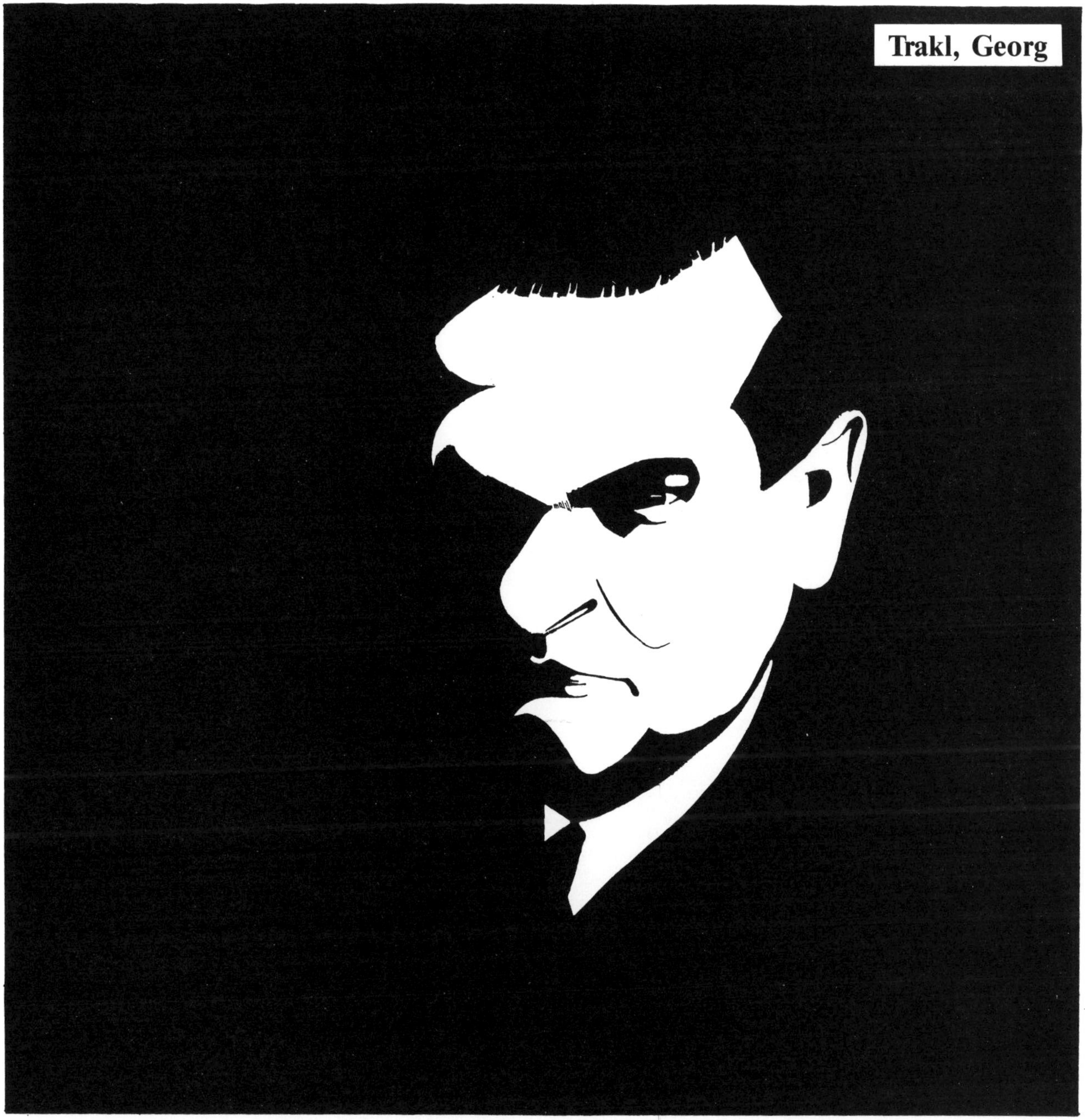
Trakl, Georg

Unzucht

Trapp-Familie

Der weltbekannte österreichische Heimatchor wurde von Maria Augusta Trapp, Witwe des österreichischen U-Boot-kommandanten Georg Freiherr von Trapp, gegründet und bestand aus ihren sieben Töchtern und drei Söhnen. Bei den Salzburger Festspielen 1937 durch einen ersten Preis berühmt geworden, sang sich die Trapp-Familie von da an durch die halbe Welt und machte insbesondere in den USA das österreichische Liedgut populär.

U

Untersberg

Entgegen der im Abendland allgemein verbreiteten Meinung, daß Kaiser Friedrich Barbarossa im Kyffhäuser schläft, sind die Salzburger und alle übrigen Österreicher fest davon überzeugt, daß er dies in der tiefsten Höhle des Untersberges tut. Selbst wenn ihm dort sein leuchtend roter Bart unaufhaltsam um den steinernen Tisch wächst, stammt der schönste rote Marmor dieser Gegend nicht vom Untersberg, sondern aus Anif, weil letzterer lebhafter in der Farbe und feiner in der Körnung ist.

Unzucht

Der sittenstrenge Erzbischof Sigismund Graf von Schrattenbach richtete um 1760 bei St. Rochus in Maxglan ein Arbeitshaus für Unzüchtige und andere Missetäter ein. Bei einem Besuch dort traf er auf einen siebzigjährigen Greis, der hier einsaß, weil er ein außereheliches Kind gezeugt hatte. Der Erzbischof fand das bei so einem alten Mann eher verwunderlich, doch der Greis erklärte: „So lang es noch zwo Geschlechter gibt, wird das Ding net abbringen!"

V

Veranstaltungen

Lange hat es die Salzburger gewurmt, daß ihre Festspiele immer nur im Juli und August stattfinden. Inzwischen wird die Wiederholung jeder Kulturveranstaltung zu Festspielen aufgewertet. Auf diese Art finden solche das ganze Jahr über statt: im Januar die Mozartwoche, im Frühling die Salzburger Schloßkonzerte, Ostern die Osterfestspiele, Pfingsten die Pfingstkonzerte, im Sommer die Salzburger Festspiele mit Neben- und Gegen-Festspielen und unüberschaubarem Beiprogramm, im Oktober die Salzburger Kulturtage und im Dezember das Salzburger Adventsingen.

Verkehrswege

Einige Jahre nach dem Zweiten Weltkrieg probte der Wiener Burgschauspieler Raoul Aslan unter der Regie von Gustaf Gründgens in Salzburg Shakespeares „Wie es euch gefällt". Sie verstanden sich nicht, trotz einiger Gemeinsamkeiten, etwa ihrer Anti-Nazi-Haltung im Dritten Reich. „Woran liegt es nur?" rätselte Gründgens, und der in Saloniki als Sohn eines Armeniers und einer Italienerin geborene Burg-Star Aslan erklärte es verkehrstechnisch: „Wir Schauspieler vom Burgtheater kommen aus Byzanz über Hellas und den Balkan nach Wien – und nach Salzburg. Sie, Herr Gründgens, Sie kommen einfach aus Düsseldorf!"

Virgil

Er kam aus Irland, um die Alpenawaren zu bekehren. 757 wurde er Bischof in Salzburg. Eine der zahlreichen Kirchen, die er bauen ließ, war der erste Salzburger Dom. Daß man ihrem Bischof wegen seiner missionarischen Tätigkeit den Beinamen „Apostel von Kärnten" gab, förderte in Salz-

Virgil

Wagner, Richard

burg nicht gerade das Andenken an den heiligen Iren. Trotzdem benannte man anstandshalber eine Vorstadtgasse nach ihm.

W

Waggerl, Karl Heinrich

Der aus ärmlichen Verhältnissen kommende Heimatschriftsteller und Erzähler war, als er 1974 mit fast 77 Jahren starb, zum Nationaldichter des Salzburgischen geworden, nachdem Salzburg bis dahin eher wenig an konkurrierenden Dichtern hervorgebracht hatte. Beeindruckt von Knut Hamsun pries er immer wieder im Gegensatz zum Stadtleben die heile Welt des Landlebens.

Wagner, Richard

Aus Konkurrenzgründen findet die Salzburger Festspieleröffnung traditionell noch in der Premierenwoche der Bayreuther Festspiele statt. 1933 beging als erster Bruno Walter das Sakrileg, zu Wagners 50. Todestag in der Mozart-Stadt „Tristan und Isolde" zu dirigieren. Nach dem „Anschluß" 1938 konnte sich niemand mehr gegen Furtwänglers „Meistersinger" und Knappertsbuschs „Tannhäuser" wehren. Und als selbst Karajan seine Osterfestspiele mit Wagners „Walküre" eröffnete, kam das Wort von der „Pilgerfahrt nach Salzreuth" in der Stadt auf, deren genius loci mehr denn je Mozart heißt.

Walserberg

Der meistfrequentierte Grenzübergang in Europa ist am Walserberg bei Salzburg. So reisten beispielsweise 1985 hier 12.872.200 Personen nach Österreich ein und 12.569.700 aus. (Über den Verbleib von 302.500 Zurückgebliebenen ist nichts bekannt.)

| **Wasserspiele** | Sie sind die Hauptattraktion im Garten des Schlosses Hellbrunn, um 1617 von Erzbischof Markus Sittikus installiert. Sie halten allerlei barocke Überraschungen bereit. So fließt etwa Wasser durch den Steintisch, an dem der Erzbischof seine Gäste empfing, um den Wein zu kühlen, und aus den steinernen Sitzen spritzen auf Knopfdruck Fontänen, die den Gästen das Hinterteil unangenehm abkühlen. Touristen wird die Mitnahme von Regenmänteln empfohlen. |

| **Wetterfleck** | Als Kaiser Claudius (Regierungszeit 41 bis 54 n. Chr.) Salzburg, das damals noch Juvavum hieß, zum Munizipium erhob, wurde das Stadtcape, in Rom gerade letzter Mode-Schrei, auch in Salzburg populär. Die praktischen und traditionsbewußten Salzburger tragen es noch immer als Wetterfleck. Heute wird es aus Loden hergestellt, damit es bei Regen wegen der schweren Nässe nicht wegfliegt und bei Sonne angenehm warm ist. |

| **Wetterprognose** | Das Barometer der Ureinwohner ist der Untersberg. Je nachdem, ob der Dunst ruhig um den Gipfel liegt oder ob ihn verdächtige Winde zu langen Wolkenstreifen auseinanderziehen, sagt ihnen ein prüfender Blick: „Hat der Untersberg an Huat, nachher wird das Wetter guat. Hat der Untersberg an Sabel (Säbel), wird das Wetter miserabel!" |

| **Winkler, Café** | Weniger stilvoll als durch die Festung, aber ebenso markant wird der Mönchsberg durch ein Kaffeehaus gekrönt. Damit man das Café Winkler auch im Dunkeln findet, wird es nachts durch Scheinwerfer bestrahlt. Man kann es besuchen wegen der herrlichen Aussicht, wegen des angeschlossenen Spielcasinos oder wegen des Sattler-Panoramas: die- |

ses 26 Meter breite biedermeierliche Salzburg darf man bis drei Uhr nachts besichtigen.

Wolf Dietrich

1587 wird der 28jährige Wolf Dietrich von Raitenau Erzbischof von Salzburg, ein absolutistisch regierender Barockfürst. Er war politisch und als Kunstmäzen der bedeutendste und weltlichste Herrscher an der Salzach. Er baute Salzburg total um in eine großzügige und prächtige Barock-Stadt. Daß er bei dieser Gelegenheit auch heimlich den alten Dom anzündete, um danach den neuen größer und schöner bauen zu können, ist eine böswillige Legende.

Wolfgangsee

Daß er der populärste aller 40 Seen im Salzkammergut wurde, verdankt er einem an ihm gelegenen Gasthaus, das wiederum seine Bekanntheit der Operette „Im weißen Rößl" von Ralph Benatzky verdankt. Daß – in der Operette – Kaiser Franz Joseph höchstselbst im „Weißen Rößl" abgestiegen ist, beschert dem Gasthaus bis heute einen ungewöhnlichen Zustrom deutscher Touristen.

X

Xölchtes

Dieses bodenständige Fleischgericht findet in jedes bayerisch-österreichische Nachschlagewerk Aufnahme. Was ließe sich sonst unter dem Buchstaben X anführen? In seriösen Kochbüchern ist die Speise meist unter der weniger exotischen Bezeichnung G(e)selchtes angeführt: ein auch in Salzburg beliebtes Rauchfleisch, das warm mit Kraut und Knödel, kalt mit Essiggurkerln und Kren gegessen wird.

Z

Zauberflötenhäuschen
Das so bezeichnete Salettl, in dem Mozart wesentliche Teile seiner „Zauberflöte" komponierte, befindet sich heute im Bastiongarten beim Mozarteum. Ursprünglich stand es im Freihaus in der Wiener Vorstadt Wieden. Nachdem es lange genug in Wien an verschiedenen Orten herumstand und verfiel, war man froh, es billig nach Salzburg verkaufen zu können.

Zweig, Stefan
Für den Wiener Dichter (1881–1942) war Salzburg die schönste Kleinstadt Österreichs im Mittelpunkt Europas: „. . . zweieinhalb Eisenbahnstunden nach München, fünf Stunden nach Wien, zehn Stunden nach Zürich oder Venedig und zwanzig nach Paris . . .-" Am Hang des Kapuzinerberges wohnend hatte er den Blick auf die Dächer Salzburgs, die Alpenkette und den Berchtesgadener Obersalzberg. Als dort ein gewisser Adolf Hitler einzog, übersiedelte Zweig nach London.

Zwerglgarten
Diese Ansammlung kleinwüchsiger Hofnarren aus Untersberger Marmor findet man heute in einem erhöhten Teil des Mirabellgartens. Die Vorbilder stammen vermutlich aus dem Hofstaat des Erzbischofs Anton Harrach, der sie von einem unbekannten Barockbildhauer verewigen ließ. Offenbar wenig Sinn für Humor bewiesen jene Stadtväter, die die 28 Figuren später an Liebhaber verschleuderten. Nur 15 davon konnten zurückgekauft und hier aufgestellt werden.

ab·neh·men [ˈapˈneːmən]
⟨ist⟩ die Kunst, frohen Herzens viele Pfunde zu verlieren, um sie anschließend, noch froheren Herzens, wieder anzufuttern.

EIN TROSTREICHES WÖRTERBUCH FÜR ALLE KRANKHEITSAPOSTEL, MUSLIMKAMPFER, ABNAHMEWILLIGE, KALORIENZWILLINGE, KÖRNERKNABBERER, YOGHURTSCHLÜRFER UND FASTENFREAKS. VON JOSEF ERPENBECK UND KARL-HEINZ BRECHER.
TOMUS

ISBN 3-8231-0135-8

All·gäu
heiter betrachtet

DER FRÖHLICHE REISEFÜHRER FÜR ALLE, DIE IM ALLGÄU ZU HAUSE SIND, UND FÜR ALLE, DIE IM WINTER WIE IM SOMMER DORT ERHOLUNG SUCHEN UND FINDEN. VON STEFAN MARKUS UND JOST SCHULZE.

ISBN 3-8231-0543-4

an·geln [ˈanˈgln]
ist die Kunst, zu stippen, zu heben, zu senken oder zu spinnen, um Fische zu fangen, die man eigentlich nicht braucht.

EIN WÖRTERBUCH FÜR SONNTAGSANGLER, WURMBADER UND ANDERE PETRIJÜNGER. VON HENRY BEARD & ROY MᵉKIE.
TOMUS

ISBN 3-8231-0126-9

Aqua·ri·stik [aˈkvaːristik]
⟨ist⟩ die Kunst, auch Tiere und Pflanzen in Aquarien am Leben zu erhalten, die für unser Klima nicht geschaffen sind.

EIN FRÖHLICHES WÖRTERBUCH FÜR ALLE AQUARIANER, DIE DER „SCHWEIGENDEN WELT" DER AQUARIEN DEN VORZUG VOR UNSERER LAUTEN GEBEN. VON STEFAN SCHMIDL UND ERIK LIEBERMANN.
TOMUS

ISBN 3-8231-0188-9

Ar·chi·tek·tur [arçiˈtɛktuːr]
⟨ist⟩ die Kunst, Bauprojekte aus dem Nichts zu zaubern und ihre halbwegs ähnliche Ausführung in begehbarem Maßstab zu überwachen.

EIN FRÖHLICHES WÖRTERBUCH FÜR ARCHITEKTEN, STATIKER, STADTPLANER UND ERDARBEITER ALL'N, WELCHE DIE HINTER DEM UMBAUTEN RAUM WIRKENDEN PHÄNOMENE VERSTEHEN WOLLEN. VON WOLFGANG BACHMANN UND ERNST HÜRLIMANN.
TOMUS

ISBN 3-8231-0176-5

au·to·fah·ren [ˈautoˈfaːrn]
⟨ist⟩ die Kunst, viel Geld in einen Haufen Blech zu stecken, um schneller als derjenige voran zukommen, der einen gerade überholen will.

EIN WÖRTERBUCH FÜR AUTOMOBILISTINNEN, KAPITÄNE DER LANDSTRAßE, UND ANDERE KAVALIERE AM STEUER. VON DR. MICHAEL FUNCKE UND PETER RUGE.
TOMUS

ISBN 3-8231-0166-8

Bank & Bör·se [bank & bœrzə]
⟨sind⟩ Institutionen, bei denen der Kunde König ist; denn er gibt und nimmt das Geld, von dem alle gut leben.

EIN WÖRTERBUCH FÜR BANKER, BROKER, BULLEN UND BÄREN, FÜR GESCHÄFTSLEUTE, LOHN- UND GEHALTSEMPFÄNGER SOWIE ALLE, DIE ALS AKTIONÄRE ODER SPARER DIE WIRTSCHAFT IN SCHWUNG HALTEN. VON KLAUS GOPPERT UND KLAUS PUTH.
TOMUS

ISBN 3-8231-0139-0

Be·am·te [bəˈamtə]
⟨sind⟩ staatstragende Persönlichkeiten auf Lebenszeit, die außer ihren Pensionsansprüchen keinerlei Schmerzensgeld für den täglichen Ärger mit Politikern, Paragraphen und Steuerzahlern beanspruchen dürfen.

EIN FRÖHLICHES WÖRTERBUCH FÜR ALLE STAATSDIENER AUF LEBENSZEIT, AUF WIDERRUF, ZUR PROBE UND ZUR ANSTELLUNG, SOWIE FÜR CHEFS UND DEREN UNTERGEBENE. VON HEINZ EHRLICH UND PETER RUGE.
TOMUS

ISBN 3-8231-0189-7

berg·stei·gen [bɛrkˈʃtaign]
⟨ist⟩ die Kunst, auf dem Umweg über einen Gipfel unter Lebensgefahr an der Stelle zurückzukehren, an der man sich sowieso schon befunden hat.

EIN WÖRTERBUCH FÜR HIMMELSSTÜRMER UND FLACHLANDTIROLER, ALMRAUSCHFREUNDE UND ENZIANSCHLÜRFER, MÖCHTEGERN-TRENKER UND ZIVILISATIONSMÜDE. VON JOSEF EBNER.
TOMUS

ISBN 3-8231-0116-1

Bio·köst·ler [ˈbroˈkœstlɐ]
⟨sind⟩ Vollwert-Menschen, die so ungeheuer gesund leben, daß sie den anderen Menschen nicht ganz geheuer sind.

EIN FRÖHLICHES WÖRTERBUCH FÜR DIE WACHSENDE SCHAR DERJENIGEN, FÜR DIE KEIN WEG ZU WEIT UND KEIN PRODUKT ZU TEUER IST, WENN ES UM DIE SOGENANNTE „GESUNDE ERNÄHRUNG" GEHT. VON NIKOLAUS BAVARIUS UND KLAUS PUTH.
TOMUS

ISBN 3-8231-0173-0

Brief·mar·ken [briːfˈmarkn]
⟨sammeln ist⟩ die Kunst, viel Zeit und Geld in bunte Papierschnipsel zu stecken, die einem unter der Lupe – hoffentlich alle! – Zähne zeigen.

EIN FRÖHLICHES WÖRTERBUCH FÜR ALL DIE IN BRIEFMARKEN MEHR SEHEN ALS BEFÖRDERUNGSENTGELTE FÜR DIENSTLEISTUNGEN DER POST. VON DIETRICH HOCHSTÄTTER UND K.-H. SCHOENFELD.

ISBN 3-8231-0177-3

Fröh·li·che Wör·ter·bü·cher
von A bis Z

Büro [byˈro] Beliebter Aufenthaltsort für Berufstätige, die dort möglichst ungestört von Urlaub und Freizeit träumen möchten.

WÖRTERBUCH FÜR CHEFS, SEKRETÄRINNEN, BEAMTE, ANGESTELLTE, JUBILARE, PENSIONÄRE UND ALLE ANDEREN BÜROSCHLÄFER VON GÜNTER STEIN UND PIT GROVE.
TOMUS

ISBN 3-8231-0105-6

bü·ro·kra·teln [byroˈkraːtln]
⟨ist⟩ die Kunst, einen Arbeitsplatz im öffentlichen Dienst zu ergattern und Beamtendeutsch so perfekt zu beherrschen, daß keiner etwas versteht.

EIN WÖRTERBUCH FÜR POLITIKER, BEAMTE, DIE BETROFFENEN BÜRGER UND ANDERE LEIDTRAGENDE. VON HEINZ-JOSEF SIMONS UND KLAUS PUTH.
TOMUS

ISBN 3-8231-0138-2

Bun·des·wehr [ˈbundəsveːr]
⟨sind⟩ eine Gemeinschaft von Männern, die 12 Monate oder länger Dauerstreß und Druck von oben oder Drill und Dreck von unten in der Hoffnung ertragen, deshalb den Ernstfall nie erleben zu müssen.

EIN WÖRTERBUCH FÜR ALLE, DIE BEIM „BUND" MEHR ODER WENIGER FREIWILLIG DIENST TUN (MÜSSEN), UND DEREN MITBETROFFENE ANGEHÖRIGE. VON HEINZ VOLZ UND WOLFGANG WILLNAT.
TOMUS

ISBN 3-8231-0136-6

Caravan & Boot [ˈkaɾ‿ɔravan & boːt]
⟨sind⟩ Wohn- und Fortbewegungsmittel für Freizeit-Abenteurer, denen kein Wasser zu tief und keine Straße zu verstopft ist.

EIN FRÖHLICHES WÖRTERBUCH FÜR ALLE NATURFREUNDE, WASSERRATTEN, CARAVANISTEN, BOOTSTRAILER, ANLIEGER UND ANLEGER UND ALLE ANDEREN UNMITTELBAR BETROFFENEN. VON B. PFENDTNER, V. K. THOMALLA UND E. LIEBERMANN.
TOMUS

ISBN 3-8231-0159-5

Ci·ne·ma & Ki·no [sinimaˈ & ˈkiːno]
⟨sind⟩ der Spiegel einer Epoche: Schaut der Kinogänger hinein, schaut sein Unterbewußtsein heraus.

EIN FRÖHLICHES WÖRTERBUCH FÜR KINOGÄNGER, AUCH KINOGÄNGER, CINEASTISCHE FUNDAMENTALISTEN, FACHIDIOTEN, DIPLOM-FERNSEHZUSCHAUER UND GEWÖHNLICHE TRAUMTÄNZER. VON PONKIE UND NIK EBERT.
TOMUS

ISBN 3-8231-0179-X

Com·puter [kom-pju-tər]
Synthetisches Gehirn, das nichts vergißt und blitzschnell reagiert, vorausgesetzt, es wurde von einem natürlichen Gehirn richtig gefüttert.

EIN WÖRTERBUCH FÜR COMPUTER-FREAKS UND PROGRAMMIERER, FÜR BÜROMENSCHEN, WELTRAUMKRIEGER UND FANATISCHE HACKER. VON NIKOLAUS BAVARIUS UND KLAUS PUTH.
TOMUS

ISBN 3-8231-0110-2

Dackel [dakl]
Platzsparender Kompakthund, dessen äußere Erscheinung in verblüffendem Kontrast zu seiner Kampfkraft und seiner inneren Größe steht.

EIN FRÖHLICHES WÖRTERBUCH FÜR HERRCHEN, FRAUCHEN, VERSTÄNDNISVOLLE NACHBARN, GEGNER UND JENE, DIE DEM TREUEN DACKELBLICK NICHT WIDERSTEHEN KÖNNEN. VON NORBERT BARTNIK UND BRIAN BAGNALL.
TOMUS

ISBN 3-8231-0162-5

DDR-deutsch [deːdeːerˈdɔytʃ]
⟨ist⟩ eine meist aus Abkürzungen bestehende, akustische Verständigungsform, die z.B. in Sachsen sogar sprachähnlichen Charakter besitzt.

EIN FRÖHLICHES WÖRTERBUCH FÜR URLAUBER, SPEKULANTEN UND ÜBERSIEDLER AUS DEN ZWISCHEN ELBE UND ODER NACH KOMMEN WOLLEN, WEIL IHNEN NAHELEGT UND NAHESTEHT RUGER IN DER 40 JAHRE LANG ALS „DDR"-BEZEICHNETEN DEUTSCHEN PROVINZEN. VON NIKOLAUS BAVARIUS UND REINER SCHWALME.
TOMUS

ISBN 3-8231-0181-1

Deutsch·land·O
heiter betrachtet

DER FRÖHLICHE REISEFÜHRER FÜR ALLE, DIE DEM NAHEN OSTEN ZWISCHEN ELBE UND ODER NAHE KOMMEN WOLLEN, WEIL IHM IN NAHELIEGT UND NAHESTEHT ... FAMILIENANGEHÖRIGE. VON GABRIELE STAVE UND REINER SCHWALME.
TOMUS

ISBN 3-8231-0545-0

do it your·self [duːɪt joːˈself]
⟨ist⟩ die Kunst, in der Freizeit ohne Bezahlung zu schuften und dabei auch noch Spaß zu empfinden.

EIN FRÖHLICHES WÖRTERBUCH FÜR HOBBY-HANDWERKER, BASTLER, DEREN HANDLANGER UND ANDERE FAMILIENANGEHÖRIGE. VON VICTOR GÖTZ.
TOMUS

ISBN 3-8231-0101-3

Dra·chen- & Gleit·schirm·flie·gen [draxən & glaitˈʃɪrmˈfliːɡən]

Gab die Kunst, sich freiwillig widrigen Winden auszusetzen, um eine meine vid in kurze Zeit den Rausch grenzenloser Freiheit spüren zu können.

EIN FRÖHLICHES WÖRTERBUCH FÜR PARAGLIDER, DELTAFREAKS, SOARER, THERMIKSCHNÜFFLER, AUFSTEIGER UND ALLE ANDEREN HELDEN DER LÜFTE. VON V. K. THOMALLA, B. PFENDTNER UND H. MAUCH.
TOMUS

ISBN 3-8231-0190-0

E·D·V [e:de:'fau]
Abk. für »Elektronische Daten-Verwirranlage«, die immer mehr Menschen in ihren Bann zieht.

ISBN 3-8231-0120-X

Eis·ho·ckey ['aıs hɔkɪ]
(ist) die Kunst, so gekonnt auf schmalen Kufen übers Eis zu fetzen, daß beim immer nur der Gegner auf die Straßenbank muß...

ISBN 3-8231-0137-4

Eng·land
heiter betrachtet

EIN FRÖHLICHER REISEFÜHRER FÜR UNENTWEGTE ENGLAND-FANS UND ALLE, DIE EINEN LEICHTEN SPLEEN UND DIE FEINE ENGLISCHE ART ZU SCHÄTZEN WISSEN. VON EGBERT DAUM UND LAURIE SARTIN

ISBN 3-8231-0534-5

Fall·schirm·springen [fal-ʃırm-ʃprıŋn]
(ist) die Kunst, nach Absprung aus einem fliegenden Luftfahrzeug mit Hilfe eines windigen Stückes Tuch ohne Schaden an Leib und Seele auf der Erde zu landen und dabei so wenig Flurschäden wie möglich zu verursachen.

ISBN 3-8231-0121-8

fau·len·zen [faulɘntsn]
(ist) die Kunst, jede Möglichkeit zum Müßiggang konsequent zu nutzen und dennoch zu Geld oder Ansehen zu gelangen.

ISBN 3-8231-0152-8

fech·ten [fɛçtn]
(ist) die Kunst, zu stoßen, ohne gestoßen zu werden, zu hieben, ohne verhauen zu werden.

EIN FRÖHLICHES WÖRTERBUCH FÜR KLINGENKÜNSTLER, MÖCHTEGERN-RITTER, MUSKETIERE, SPAGHETTI-DUELLANTEN UND WAFFENNARREN. VON ANDREAS SCHIRMER UND LAURIE SARTIN

ISBN 3-8231-0157-9

feiern [faɛrn]
(ist) die Kunst, dem Leben gemeinsam mit Freunden für einige Stunden die schönsten Seiten abzugewinnen.

EIN WÖRTERBUCH FÜR PERFEKTE GASTGEBER, GEBURTSTAGS-KINDER, JUBILARE, DENEN GÄSTE UND ALLE, FÜR DIE EIN FRÖHLICHES WÖRTERBUCH DAS BESTE GASTGESCHENK IST. VON JOSEF EBNER

ISBN 3-8231-0122-6

Fern·se·hen & Vi·deo [fɛrn ze:n & vi:deo]
(sind) erregende Drogen für Erlebnis-Hungrige, die überall dabei sein möchten, ohne deshalb auf häuslichen Komfort verzichten zu müssen.

EIN FRÖHLICHES WÖRTERBUCH FÜR ALLE, DIE IM FROHE EINSCHALTQUOTEN KÄMPFEN, SOWIE DIE VIELEN MILLIONEN ZUSCHAUER, DIE MITTELS KNOPFDRUCK ÜBER ERFOLG ODER MISSERFOLG ENTSCHEIDEN. VON NORBERT BARTNIK UND BERNHARD ZERWANN

ISBN 3-8231-0144-7

Fit·neß [fıtnes]
(ist) der schweißtreibende Versuch, sich so lange freiwillig abzustrampeln, bis man ein gewünschtes Ziel ist, z.B. dem Idealgewicht.

EIN WÖRTERBUCH FÜR ALLE SCHLANKEN, ÜBERSCHLANKEN, JOGGER, SAUNA-FREUNDE UND DIE VIELEN FREIZEIT-SPORTLER, DIE FIT BLEIBEN ODER MEHR VERSTECKEN WOLLEN. VON AXEL BOHNENKAMP UND KLAUS PUTH

ISBN 3-8231-0114-5

Foto·grafieren [foto'gra:fi:rən]
(ist) die Kunst, mit Kamera und Blitzlicht so zu zücken, daß man später auf dem Dia eine Katze einem Rosenstrauch und die Zugspitze vom Berliner Funkturm unterscheiden kann.

EIN WÖRTERBUCH FÜR VIELKNIPSER UND LICHTBILD-ÄSTHETEN, FÜR DIE FANS SOWIE DIE VIELEN FOTO-AMATEURE, FÜR ALLE RASENDE REPORTER UND ART-EXPERTEN. VON JOSEF EBNER UND KLAUS PUTH

ISBN 3-8231-0113-7

Fran·ken
heiter betrachtet

DER FRÖHLICHE REISEFÜHRER FÜR ALLE, DIE IHRE FRÄNKISCHE HEIMAT LIEBEN ODER IMMER WIEDER GERNE BESUCHEN. VON WERNER DETTELBACHER UND JOST SCHILGEN

ISBN 3-8231-0541-8

Frank·furt
heiter betrachtet

EIN FRÖHLICHER REISEFÜHRER FÜR ALTE FRANKFURTER UND EINGEPLACKTE, FÜR OFFENBACHER UND ANDERE AUSLÄNDER, HANDKÄSESSER, AUFSTREBENDE BÄNKER UND ALTE YUPPIES. VON DIETER MANK UND KLAUS PUTH.

ISBN 3-8231-0544-2

Fuß·ball [fu:sbal]
(ist) die Kunst, mit 44 krummen Beinen eine luftgefüllte Lederkugel in 2 große Netze zu dreschen.

EIN WÖRTERBUCH FÜR FANS, FUSSBALLER, TRAINER, DEREN ANGEHÖRIGE, SOWIE DIE MILLIONEN FERNSEHSESSEL-SPORTLER. VON MICHAEL FUNCKE

ISBN 3-8231-0107-2

gär·teln ['gertln]
od. gärtnern, die Kunst, Unkraut und Schädlinge zu vertilgen, um Blumen und Früchte für Vögel und andere Schmarotzer großzuziehen.

EIN WÖRTERBUCH FÜR UNKRAUTJÄGER, BLATTLAUS-VERTILGER UND BALKON-BOTANIKER. VON HENRY BEARD & ROY MᶜKIE

ISBN 3-8231-0128-5

Geld ver·die·nen [gelt fɛr'di:nən]
(ist) die Kunst, mehr aus seinem Geld zu machen oder wenigstens zu wissen, wie es auf keinen Fall weniger wird.

EIN FRÖHLICHES WÖRTERBUCH FÜR KLEINSPARER, GROSSVERDIENER, AKTIONÄRE, BÄNKER UND ALLE, DIE LIEBER IHR GELD ARBEITEN LASSEN STATT SELBST ZU ARBEITEN. VON GERT SEIDEL UND HEINZ WILDI

ISBN 3-8231-0191-9

gol·fen [gɔlfn]
(ist) die Kunst, auf 18 viel zu langen Spielbahnen mit 14 ungeeigneten Schlägern einen viel zu kleinen Ball in ein winziges Loch zu spielen.

EIN WÖRTERBUCH FÜR ALLE GOLFER, RABBITS SCRATCHSPIELER, SLICER, HOOKER USW. VON DESMOND ZWAR UND JEFF HOOK

ISBN 3-8231-0112-9

Ham·burg
heiter betrachtet

EIN FRÖHLICHER REISEFÜHRER FÜR GEBÜRTIGE HANSEATEN UND QUITSCHER, FÜR SHIPSLOVER UND EINKAUFENDE SKANDINAVIER, HUMMERESSER, ERSTAUNTE GROSSSTADT-REISENDE UND STAUNENDE TOURISTEN. VON KLAUS GÖPFERT UND KARL-HEINZ SCHOENFELD

ISBN 3-8231-0542-6

Hand·ball [hant'bal]
(ist) die Kunst, einen vielarmigen Abwehr-riegel im Sprungwurf zu knacken und dann auch noch ins viel zu kleine Tor zu treffen.

EIN WÖRTERBUCH FÜR HANDBALLER UND LEUTE, DIE IHNEN GERN ZUSAHEN, FÜR THEORETIKER UND SOLCHE, DIE ES NOCH BESSER WISSEN WOLLEN. VON RAINER OLBERT UND KARL-HEINZ BRECHEIS

ISBN 3-8231-0149-8

Harz
heiter betrachtet

DER FRÖHLICHE REISEFÜHRER ÜBER DIE LANDSCHAFTEN DES HARZES, SEINE GEHEIMNISVOLLEN HEXEN UND WALDGEISTER. VON SIBYLLE DORNSEIFF UND PETER BUTSCHKOW

ISBN 3-8231-0548-5

Hes·sen
heiter betrachtet

DER FRÖHLICHE REISEFÜHRER VOM ODEN- BIS ZUM HABICHTSWALD, ZU WEINBERGEN UND OASEN DER STILLE UND ZU DEN FRÖHLICHEN FESTEN IM HESSENLAND. VON DIETER MANK UND KLAUS PUTH.

ISBN 3-8231-0546-9

Hi·fi & C·D [harfaı & tse:de:]
(sind) das absolute Musikerlebnis, dessen einziger Nachteil darin besteht, daß man es nur in Zimmerlautstärke genießen kann.

EIN FRÖHLICHES WÖRTERBUCH FÜR MUSIKLIEBHABER, HIGH-END-FREAKS, STEREO-GENIESSER, SURROUND-SOUND- UND SONSTIGE KLOPHORER SOWIE FÜR ALLE KONZERT- UND DISCO-BESUCHER, DIE LIEBER ZU HAUSE BLEIBEN. VON KLAUS NESTLE UND KLAUS PUTH

ISBN 3-8231-0147-1

Hockey [hɔke]
(ist) die Kunst, mit einem gebogenen Stück Holz einen kleinen Ball durch die Beine des Gegenspielers zu buggsieren und dabei nur eine Seite des Schlägers benutzen zu dürfen.

EIN FRÖHLICHES WÖRTERBUCH FÜR ALLE HOCKEYSPIELER/INNEN UND FREUNDE DER HOHEN TECHNISCHEN ANSPRÜCHE, FÜR TRAINER, THEORETIKER, ORTHOHOCKER SOWIE ALLE ANDEREN UNMITTELBAR BETROFFENEN. VON ULI MEYER, MARTIN KRÄMER UND NIK EBERT

ISBN 3-8231-0187-0

Ho·tel & Gast·stät·te [ho'tel & gast'ʃtɛtə]
(sind) Orte der Gastlichkeit, an denen jeder Kunde König ist, solange er für den Service entsprechend bezahlt.

EIN FRÖHLICHES WÖRTERBUCH FÜR ALLE, DENEN DIE GASTRONOMIE IN DER TASCHE UND ÖSTERREICHT SEIT JEHER SCHON IM DIES GELTEN HAT VERDANKE - UND FÜR DIE SZ- FRÜHLINGS GÄSTE. VON FRITZ C. OBERMEYER UND LAURIE SARTIN

ISBN 3-8231-0167-6

Ita·li·en
heiter betrachtet

DER FRÖHLICHE REISEFÜHRER FÜR ALLE, DIE DAS LAND, IN DEM DIE ZITRONEN BLÜHEN, MIT DER SEELE SUCHEN ODER NICHTS ANDERES WOLLEN ALS AMORE, VINO UND SOLE. VON DOROTHEA BRIEL UND BRIAN BAGNALL

ISBN 3-8231-0540-X

TOMUS-Bücher machen Spaß

ISBN 3-8231-0129-3

ISBN 3-8231-0143-9

ISBN 3-8231-0098-X

ISBN 3-8231-0168-4

ISBN 3-8231-0119-6

ISBN 3-8231-0123-4

ISBN 3-8231-0134-X

ISBN 3-8231-0650-3

ISBN 3-8231-0154-4

ISBN 3-8231-0163-3

ISBN 3-8231-0192-7

Fröh·li·che Wör·ter·bü·cher von A bis Z

ISBN 3-8231-0193-5

ISBN 3-8231-0164-1

ISBN 3-8231-0169-2

ISBN 3-8231-0170-6

ISBN 3-8231-0124-2

ISBN 3-8231-0539-6

ISBN 3-8231-0140-4

ISBN 3-8231-0194-3

ISBN 3-8231-0538-8

ISBN 3-8231-0185-4

TOMUS-Bücher machen Spaß

Neu·es Heim [nɔɥəs haim]
⟨ist⟩ der Ort, von dem man lange geträumt hat und der nun zum Verweilen einlädt – ein Leben lang.

EIN WÖRTERBUCH FÜR BAUHERREN, ARCHITEKTEN, BAUSPARER, FRISCH-GEBACKENE WOHNUNGSBESITZER, MAKLER, MIETER UND ALLE, DIE ES WERDEN WOLLEN. VON C. J. FRANK UND PIT GROVE

ISBN 3-8231-0117-X

Oma & Opa [o:ma & o:pa]
⟨sind⟩ liebenswerte Zweiteltern, die stets dann einspringen, wenn die Eltern etwas Besseres vorhaben, als selbst für ihre Kinder zu sorgen.

ISBN 3-8231-0171-4

Pfer·de·sport [pfeːɐdəspɔrt]
⟨ist⟩ die Kunst, Vierbeiner so zu traktieren, daß der Zweibeiner auf einem Treppchen und der Vierbeiner nach wie vor nur Hafer kriegt.

EIN FRÖHLICHES WÖRTERBUCH FÜR SPRINGREITER UND DRESSURKÜNSTLER, GALOPPER UND TRABER, MUTIGE AMAZONEN UND SUPERLÄCHTE JOCKEYS SOWIE ALLE, DIE HOHE EINSÄTZE AUF IHREN VIERBEINIGEN FAVORITEN WAGEN. VON GERRIT WÖCKENER UND LAURIE SARTIN

ISBN 3-8231-0156-0

Rad·fahren ['rad-fahren]
ist die Kunst, allein, zu zweit oder in Gruppen, bergauf und bergab auf zwei Rädern das äußere Gleichgewicht zu halten, um das innere Gleichgewicht zu erfahren.

EIN WÖRTERBUCH FÜR FRISCHLUFTFANATIKER, ALTOVERÄCHTER, PEDALRITTER UND ANDERE STRAMPLER JEDEN ALTERS. VON JOSEF EBNER UND JULES STAUBER

ISBN 3-8231-0109-9*

rei·ten [raitn] ⟨ist⟩ die Kunst, sich länger als fünf Minuten auf einem wild dahingaloppierenden Pferd im Sattel zu halten, ohne sich anmerken zu lassen, wie einem wirklich zumute ist.

EIN FRÖHLICHES WÖRTERBUCH FÜR REITER, PFERDE-RESENOERDE UND SCHINDERHÄUER. VON KURT GÖTZ UND LAURIE SARTIN

ISBN 3-8231-0175-7

ru·dern [ruːdɐn]
⟨ist⟩ die Kunst, knüppelschwingend hin- und herzurollen und sich damit über Wasser zu halten, ohne ein Ziel vor Augen zu haben.

EIN FRÖHLICHES WÖRTERBUCH FÜR SCHLAGFERTIGE UND PULLANFÄNGER, RENNER AUF WASSERWEGEN, STEUERHINTERZIEHER, KREBSFÄNGER UND ALLE PINSELSPORTFREUNDE UND DULLENPETTLANS. VON HANS-DIETRICH SCHWANDT UND KARL-HEINZ SCHOENFELD

ISBN 3-8231-0172-2

Salz·burg
heiter betrachtet

EIN FRÖHLICHER REISEFÜHRER FÜR DIE FREUNDE EINER DER DREI SCHÖNSTEN STÄDTE DER WELT, FÜR FESTIVALREISENDE, MOZARTFANS UND KUNSTLIEBHABER. VON BARTEL F. SINHUBER UND DIETER ZEHENTMAYR.

ISBN 3-8231-0535-3

Schach·spie·len [ʃaxʃpiːlən]
⟨ist⟩ die Kunst, stets etwas weiter vorauszudenken als der Gegner.

EIN FRÖHLICHES WÖRTERBUCH FÜR ALLE STRATEGEN UND DENKSPORTLER, FÜR SCHACHGEISTERTE UND -BESESSENE, FÜR PROFIS UND AMATEURE SOWIE FÜR DEREN MITBETROFFENE ANGEHÖRIGE. VON G. CYFFKA UND L. SARTIN

ISBN 3-8231-0174-9

Schles·wig-Hol·stein
heiter betrachtet

EIN FRÖHLICHER REISEFÜHRER FÜR EINHEIMISCHE UND URLAUBER, FREIZEITANGLER, HOBBYSEGLER, MUSIKFANS UND KULTURFREAKS, WANDERVÖGEL, KRABBENESSER UND ALLE LIEBHABER DES NÖRDLICHSTEN BUNDESLANDES. VON FRAUKE UND ERWIN H. BÜTER UND PETER BUTSCHKOW.

ISBN 3-8231-0537-X

Schu·le [ʃuːlə]
⟨ist⟩ der beste Ort zum Ausbecken von Streichen, an die sich Eltern so lange mit Vergnügen erinnern, bis sie selber schulpflichtige, nachhilfebedürftige Kinder haben.

EIN WÖRTERBUCH FÜR ABC-AGTE SCHÜLER ZWISCHEN 6 UND 96 JAHREN UND GESTRESSTE LEHRER JEDEN ALTERS, FÜR ALLZU EHRGEIZIGE VÄTER UND MEIST NACHSICHTIGE MÜTTER. VON GÜNTER STEIN UND KLAUS MEINE

ISBN 3-8231-0111-0

Schweiz
heiter betrachtet

DER FRÖHLICHE REISEFÜHRER FÜR ALLE, DIE BEI DEN KINDERN TELLS UND HELVETIAS DEN HUMOR SUCHEN. VON JÜRG MOSER UND MARTIN SENN. EIN Reiseführer-BUCH.

ISBN 3-8231-0536-1

Fröh·li·che Wör·ter·bü·cher
von A bis Z

Schwie·ger·mut·ter [ʃviːgɐmʊtɐ]
⟨ist eine⟩ angeheiratete Respektsperson, die immer nur das Beste will und nicht nur das Frühstück für die Kinder, sondern auch die Wirtschaften durch zahllose wertvolle Beiträge bereichert.

EIN FRÖHLICHES WÖRTERBUCH FÜR SCHWIEGERSÖHNE UND SCHWIEGERTÖCHTER, GESELLSCHAFTLICH DISKRIMINIERTE UND (MEIST ZU UNRECHT) GEFÜRCHTETE UND VERSPOTTETE SCHWIEGERMÜTTER. VON N. BARTNIK UND B. SACK.

ISBN 3-8231-0183-8

schwim·men [ʃvɪmən]
⟨ist⟩ die Kunst, in allen Lebenslagen den Kopf über Wasser zu halten und sich ein stilgerechtes Fortkommen zu sichern.

EIN FRÖHLICHES WÖRTERBUCH FÜR ALLE WASSERRATTEN, STRANDLÖWEN, QUALLENFREUNDE, FROSCHNATUREN, BLEI-ENTEN UND LUSTMOLCHE IN HALLEN, AN WELLEN- UND FREIBÄDERN. VON ANDREAS GÖTZE UND PETER RUGE

ISBN 3-8231-0184-6

se·gel·flie·gen [zeːgl-fliːgn]
⟨ist⟩ die Kunst, sich mit einem Flugzeug ohne einen Tropfen Sprit so lange in der Luft zu halten, bis ein Acker oder ein Flugplatz die Reise beendet.

EIN FRÖHLICHES WÖRTERBUCH FÜR ALLE SEGELFLIEGER, FLUGLEHRER UND SCHÜLER, THERMIKSCHNÜFLER, AUFWINDARTISTEN UND ALLE, DIE SICH OHNE MOTOR IN DIE LUFT BEGEBEN WOLLEN. VON V.K. THOMALLA, B. PFENDTNER UND H. MAUCH

ISBN 3-8231-0151-X

se·geln ['zeːgln]
1. ⟨ist⟩ die Kunst, naß und krank zu werden, um mit hohen Ausgaben langsam nirgendwohin zu treiben.

EIN WÖRTERBUCH FÜR LANDRATTEN, SEEBÄREN UND BADEWANNEN-KAPITÄNE. VON H. BEARD & R. McKIE

ISBN 3-8231-0130-7

sin·gen [zɪŋən]
⟨ist⟩ die Kunst, seine Stimmbänder so gekonnt in Schwingungen zu versetzen, daß die Trommelfelle der Zuhörer verzückt vibrieren.

EIN FRÖHLICHES WÖRTERBUCH FÜR SINGEXXL, BADEWANNEN-BIS KAMMERSÄNGER, OPERNFANS, STIMMBILDNER UND CHORLIEBHABER. VON FRANZ R. MILLER UND MOSHE SÜSSER

ISBN 3-8231-0158-7

Skat·spie·len [skaːtʃpiːlən]
⟨ist⟩ die Kunst, beim Spielende mehr Augen zu haben als der oder die Mitspieler – oder gar keine.

EIN FRÖHLICHES WÖRTERBUCH FÜR ALLE, FÜR DIE SKAT DAS AUFREGENDSTE SPIEL DER WELT IST, FÜR KIEBITZE, MEISTER UND ANFÄNGER. VON A. TETZLAFF UND H. MAENNER-YO

ISBN 3-8231-0125-0

ski·fahren [ʃifaːrn]
oder schneegleiten; die Kunst, auf zwei widernatürlichen Brettern in einer menschenfeindlichen **Umwelt** eine gute **Figur zu** machen

EIN WÖRTERBUCH FÜR SPORTFREUNDE, PISTENSAULE, LOIPENHIRSCHE UND ALLE RECHTSCHNEEGLEITER. VON THOMAS REILAND

ISBN 3-8231-0131-5

Spaß beim Backen
147 ausgesucht raffinierte Rezepte

DAS FRÖHLICHE BACKBUCH, DAS DIE PHANTASIE ANREGT, LUST AUF DIE ARBEIT MACHT UND MIT DEM ALLES BESTENS GELINGT – AUCH DEN ANFÄNGERN. VON PATRICIA GRAEF UND KARL-HEINZ BRECHEIS

ISBN 3-8231-0530-2

Spaß beim Kochen
164 heiße Rezepte für die schnelle Küche

DAS FRÖHLICHE KOCHBUCH FÜR ALLE, DIE UNKOMPLIZIERTE UND DENNOCH ÜBERRASCHENDE GAUMENFREUDEN AUF DEN TISCH BRINGEN MÖCHTEN. VON PATRICIA GRAEF UND KARL-HEINZ BRECHEIS

ISBN 3-8231-0531-0

spie·len [ʃpiːlən]
⟨ist⟩ eine der schönsten Nebensachen der Welt, die für viele zur Hauptsache wird.

EIN FRÖHLICHES WÖRTERBUCH FÜR LEIDENSCHAFTLICHE GESELLSCHAFTSSPIELER, MONOPOLY-FREAKS WIE TRIVIAL-PURSUIT-SÜCHTIGE SOWIE FÜR ALLE ANDEREN SPIELERNATUREN, OB GLÜCKSPILZE ODER PECHVÖGEL. VON K. MÖLLER UND K. PUTH.

ISBN 3-8231-0195-1

TOMUS-Bücher machen Spaß

sport·flie·gen [ʃport-fliːgṇ]
(ist) die Kunst, sich freiwillig auf den Spruch einzulassen: „Runter kommen sie immer!"

EIN FRÖHLICHES WÖRTERBUCH FÜR BERUFS- UND HOBBY-PILOTEN, FLUGLEHRER UND -SCHÜLER, FLUGLOTSEN, MECHANIKER UND ANDERE UNMITTELBAR BETROFFENE. VON B. PFENDTNER, P. ELGASS UND V. THOMALLA MIT ZEICHNUNGEN VON H. MAUCH

ISBN 3-8231-0141-2

Squash [skvɔʃ]
(ist) die Kunst, in einer betonierten Arena einen kleinen Kautschukball mit Hilfe eines Rackets so lange gegen vier Wände zu donnern, bis der Gegner endlich 9 Punkte hat.

EIN FRÖHLICHES WÖRTERBUCH FÜR ALLE, DIE IN IHRER FREIZEIT RICHTIG INS SCHWITZEN KOMMEN WOLLEN UND DAFÜR AUCH JEDE MENGE BLESSUREN IN KAUF NEHMEN. VON STEFAN MARKUS UND HELMUT MAUCH

ISBN 3-8231-0150-1

Steu·ern & Fi·nan·zen [ʃtoyen & fiˈnantsən]
(sind) die Lebensnerven des Staates, dem jeder so wenig wie möglich geben möchte, um im Gegenzug so viel wie möglich zurückzubekommen.

EIN FRÖHLICHES WÖRTERBUCH FÜR EINFALLSREICHE STEUERBERATER, GESTRESSTE FINANZBEAMTE, LUSTIGE STEUERANWÄLTE, GENARRTE STEUERZAHLER UND ALLE, DIE VON FORMEL-KRIEGEN ERMUDETEN. DELTELTEN STEUERZAHLER. VON STEFAN GÖPPERT UND KLAUS PUTH

ISBN 3-8231-0145-5

stu·die·ren [ʃtuˈdiːrən]
(ist) die Kunst, sich während der besten Jahre des Lebens auf einen Beruf vorzubereiten, der längst von anderen besetzt

EIN FRÖHLICHES WÖRTERBUCH FÜR STUDS, EX-STUDS, ASSIS, PROFFS UND DIE VIELEN VOM KUMMEL-KRIEGE ERMUDETEN. VON GÜNTER UND BRIAN BAGNALL

ISBN 3-8231-0146-3

sur·fen [søːfṇ]
(ist) die teuerste Möglichkeit, bei jedem Wind und Wetter baden zu gehen.

EIN WÖRTERBUCH FÜR ZWEI-HAND-SEGLER, SURFBOARD-KAPITÄNE UND ANDERE WASSERRATTEN. VON J. EBNER, M. PUNCKE UND P. RUGE

ISBN 3-8231-0115-3

tan·zen [tantsn]
(ist) die Kunst eines Paares, sich auf kleinstem Raum so frei wie irgendmöglich zu bewegen, ohne sich und anderen dabei auf die Füße zu treten.

EIN FRÖHLICHES WÖRTERBUCH FÜR TANZLEHRER UND DEREN SCHÜLER, STANDARDTÄNZER UND LATEINAMERIKANER, TANZPROFESSORE. WIE BLUESMÄIKER, MAMBOMALME, TANGOTIGER UND SAMBASCHLANGEN. VON FRIEDHELM MOSER UND PETER BUTSCHKOW

ISBN 3-8231-0178-1

tau·chen [tauxn]
(ist) die Kunst, sich in einer Kunststofftaue, angetrieben mit Bleien und anormalem Schwimmhäuten, unter großem Druck so wohl zu fühlen wie ein Fisch im Wasser.

EIN WÖRTERBUCH FÜR ALLE, DEREN ELEMENT DAS WASSER IST, WIE BERUFSTAUCHER, MÖCHTEGERNKIEMER, BASISLEITER, SCHNORCHLER UND ANDERE FLOSSENTRÄGER. VON O. A. FRANK UND PETER RUGE

ISBN 3-8231-0118-8

Ten·nis [tenis]
(ist) die Kunst, auf einem harmlosen Gummiball so loszudreschen, daß entweder der Gegner oder der Ball oder beide für immer vom Platz verschwinden.

EIN WÖRTERBUCH FÜR CRACKS, BALLAKROBATEN, TENNISFANS UND ALLE, DIE SICH BEIM JOGGING ZU EINSAM FÜHLEN. VON MICHAEL FUNCKE

ISBN 3-8231-0103-X*

Tisch·ten·nis [tiʃtenis]
(ist) die Kunst, eine 2,5 Gramm leichte Zelluloidkugel auf Höchstgeschwindigkeit zu bringen und dort auch zu halten.

EIN FRÖHLICHES WÖRTERBUCH FÜR ALLE AMATEURE, FANS, GARTEN-, HOBBY- UND KELLER-SPORTLER UND ALLE, DIE SCHON IMMER MAL INS NETZ ÜBER DEN FAMILIENTISCH SPANNEN WOLLTEN. VON STEFAN MARKUS UND MOSHE SÜSSER

ISBN 3-8231-0155-2

tur·nen [turnən]
(ist) die Kunst, an verschiedenen Geräten so elegant in Gefahr zu begeben, daß selbst ein kurzschöpfiger Kampfrichter nicht umhin kann, die Höchstnote zu geben.

EIN FRÖHLICHES WÖRTERBUCH FÜR FLIEGENDE MENSCHEN AN RECK UND BARREN, RINGEN UND HEITPFERD UND AM BODEN, ÜBERFORDERTE PUNKTRICHTER, LANGLEBIGE FUNKTIONÄRE UND ZUSCHAUER, DIE VON DEN BLUTUNGEN TURNERINNEN NICHT SATT WERDEN. VON GERRIT WÖCKENER UND KLAUS MEINT

ISBN 3-8231-0161-7

Um·welt·schutz [umveltʃuts]
(ist) die Kunst, die Natur durch Menschen vor Menschen und für Menschen und ihren Bedürfnissen zu bewahren.

EIN FRÖHLICHES WÖRTERBUCH FÜR DIE WACHSENDE SCHAR VON UM-WELTSCHÜTZERN UND NATURLIEBHABERN. VON STEFANIE SANDERS UND KLAUS PUTH

ISBN 3-8231-0197-8

Fröh·li·che Wör·ter·bü·cher
von A bis Z

Va·ter [faːtɐ]
(werden ist) die Nichtkunst, den kleinen Anstoß für einen neuen Erdenbürger zu geben, und die große Kunst, dann jahrelang die Nerven zu behalten.

EIN FRÖHLICHES WÖRTERBUCH FÜR VERLIEBTE, VERLOBTE, VERHEIRATETE, EHEBERATER, AUFKLÄRUNGSEXPERTEN UND PSYCHOLOGEN. VON GERRIT WÖCKENER UND KLAUS PUTH.

ISBN 3-8231-0160-9

ver·arz·ten [fɐˈaːrtstn]
(ist) die Kunst des Arztes, einen Patienten so zu behandeln, daß er recht bald und gerne wieder zu ihm kommt.

EIN WÖRTERBUCH FÜR HEILUNGSUCHENDE, ÄRZTE, ASSISTENTEN/INNEN, KRANKENSCHWESTERN, APOTHEKER, HEILPRAKTIKER UND SANITÄTER. VON DR. MED. MICHAEL FUNCKE

ISBN 3-8231-0132-3

ver·hei·ra·tet [fɐˈhaiˌraːtet]
Zustand vorübergehender Verliebtheit, der im Idealfall ein Leben lang anhält.

EIN BELEHRENDES WÖRTERBUCH FÜR HEIRATS-LUSTIGE, BRAUTPAARE, EHESCHLIESSENDE, EHE-JUBILARE, HAUSFREUNDE UND ANDERE BETROFFENE. VON C.J. FRANK

ISBN 3-8231-0133-1

Ver·kauf & Wer·bung [fɐkauf & verbuŋ]
(ist) die Kunst, sich stets das nach Meinung der Kunden Richtige einfallen zu lassen, um Ware schneller an den Mann/die Frau zu bringen – auch wenn sie eigentlich niemand braucht.

EIN FRÖHLICHES WÖRTERBUCH FÜR WERBETREIBENDE, ART DIRECTORS, HANDELSVERTRETER UND ALLE, DIE WISSEN WOLLEN, WIE IHRE SPONTANEN IDEEN AN DEN MANN KOMMEN. VON GÜNTER STEIN UND KLAUS PUTH

ISBN 3-8231-0148-X

ver·liebt [fɐˈliːpt]
(sein ist) die Kunst, den Kopf zu verlieren und trotzdem wundervoll weiterzuleben.

EIN FRÖHLICHES WÖRTERBUCH FÜR ALLE DIE GLÜCKLICHEN, DIE AUS LIEBE VORÜBERGEHEND ZU JEDER DUMMHEIT FÄHIG SIND. VON C.J. FRANK UND PETER RUGE

ISBN 3-8231-0142-0

Ver·si·che·run·gen [fɐziːçəˈruŋən]
(sind) die Lebensgrundlagen des Wohlstands, denn ohne Sicherheit geht nix, würde keiner was riskieren, Geld geben oder nehmen.

EIN FRÖHLICHES WÖRTERBUCH FÜR KRANKE, GESUNDE, SOZIALPOLITIKER, AUTOFAHRER, HAUSBESITZER, INVESTOREN UND ALLE ANDEREN VERSICHERUNGSNEHMER. VON BERND ELLERMANN UND KLAUS PUTH

ISBN 3-8231-0199-4

TOMUS-Bücher machen Spaß

vi·deo·fil·men [viːdeoˈfilmən]
(ist) die Kunst, als Amateur gleichzeitig sein eigener Drehbuchautor, Komponist, Kameramann und Regisseur zu sein.

EIN FRÖHLICHES WÖRTERBUCH FÜR JUNGFILMER, DOUBLES, KRITIKER, PROGRAMMDIREKTOREN, SCHAU-SPIELSCHÜLERINNEN, SCHMALFILMER UND TALENT-SUCHER. VON KLAUS MÖLLER UND HANS ULLRICH

ISBN 3-8231-0099-8

wan·dern [wandern]
(ist) die Lust, aus eigenem Antrieb vorab meist unterschätzte Strapazen in der Hoffnung auf sich zu nehmen, glücklich an den Ausgangspunkt zurückzukehren.

EIN FRÖHLICHES WÖRTERBUCH FÜR FLACHLAND, BERG-, RAD-, WASSER- UND WATTWANDERRATTEN. FÜR FUSSKRANKE UND IHRE SANITÄTER, HÜTTENWIRTE UND ZWANGS-REKRUTIERTE FAMILIENANGEHÖRIGE. VON NIKOLAUS BAVARIUS UND JOHANN S. SCHRANK

ISBN 3-8231-0186-2

Wien
heiter betrachtet

EIN FRÖHLICHER REISEFÜHRER FÜR GEBÜRTIGE WIENER, FÜR ZUGEREISTE UND FÜR IMMER NOCH IMMER WIEDER-KEHRENDE GÄSTE DER LEBENSWERTEN WIENERSTADT. VON BARTEL F. SINHUBER UND DIETER ZEHENTMAYR

ISBN 3-8231-0547-7

TOMUS-Bücher machen Spaß